疯狂STEM

KEY CONCEPTS IN
STEM

ENGINEERING
AND TECHNOLOGY

工程和技术

军事和安全

MILITARY AND SECURITY

英国 Brown Bear Books 著

胡 健 译 王 晋 审校

电子工业出版社

Publishing House of Electronics Industry

北京 · BEIJING

Original Title: MILITARY AND SECURITY

Copyright © 2020 Brown Bear Books Ltd

BROWN BEAR BOOKS

Devised and produced by Brown Bear Books Ltd,

Unit 1/D, Leroy House, 436 Essex Road, London

N1 3QP, United Kingdom

Chinese Simplified Character rights arranged through Media Solutions Ltd Tokyo

Japan (info@mediasolutions.jp)

版权贸易合同登记号　图字：01-2021-4088

图书在版编目（CIP）数据

军事和安全 / 英国 Brown Bear Books 著；胡健译 . —北京：电子工业出版社，2021.11
（疯狂 STEM. 工程和技术）
书名原文：MILITARY AND SECURITY
ISBN 978-7-121-42201-0

Ⅰ . ①军…　Ⅱ . ①英…　②胡…　Ⅲ . ①军事－关系－国家安全－青少年读物　Ⅳ . ①E0

中国版本图书馆 CIP 数据核字（2021）第 208586 号

责任编辑：郭景瑶
文字编辑：刘　晓
印　　刷：北京利丰雅高长城印刷有限公司
装　　订：北京利丰雅高长城印刷有限公司
出版发行：电子工业出版社
　　　　　北京市海淀区万寿路 173 信箱　邮编：100036
开　　本：787×1092　1/16　印张：4　字数：115.2 千字
版　　次：2021 年 11 月第 1 版
印　　次：2021 年 11 月第 1 次印刷
定　　价：68.00 元

凡所购买电子工业出版社图书有缺损问题，请向购买书店调换。若书店售缺，请与本社发行部联系，联系及邮购电话：(010) 88254888，88258888。

质量投诉请发邮件至 zlts@phei.com.cn，盗版侵权举报请发邮件至 dbqq@phei.com.cn。

本书咨询联系方式：(010) 88254210，influence@phei.com.cn，微信号：yingxianglibook。

"疯狂 STEM" 丛书简介

　　STEM 是科学（Science）、技术（Technology）、工程（Engineering）、数学（Mathematics）四门学科英文首字母的缩写。STEM 教育就是将科学、技术、工程和数学进行跨学科融合，让孩子们通过项目探究和动手实践、创造的方式进行学习。

　　本丛书立足 STEM 教育理念，从五个主要领域（物理、化学、生物、工程和技术、数学）出发，探索 23 个子领域，全方位、多学科知识融会贯通，培养孩子们的科学素养，提升孩子们解决问题和实际动手的能力，将科学和理性融于生活。

　　从神秘的物质世界、奇妙的化学元素、不可思议的微观粒子、令人震撼的生命体到浩瀚的宇宙、唯美的数学、日新月异的技术……本丛书带领孩子们穿越人类认知的历史，沿着时间轴，用科学的眼光看待一切，了解我们赖以生存的世界是如何运转的。

　　本丛书精美的文字、易读的文风、丰富的信息图、珍贵的照片，让孩子们仿佛置身于浩瀚的科学图书馆。小到小学生，大到高中生，这套书会伴随孩子们成长。

目　录

1850 年之前的战争

战争的历史最早可追溯至人类开始直立行走时。武器的优劣决定着每场战争的胜负。

在最早的战争中，人们使用的武器或许只是标枪和石匕首之类的狩猎工具，而最早的战争专用武器很有可能是棍棒或狼牙棒。最早的狼牙棒见于青铜时代初期，由木柄和绑在其末端的一块巨石组成，用来击碎敌人的头骨。公元前 3000 年，金属加工工艺取得进步，人们能够制造铜制棒头，这大大提高了狼牙棒的攻击力。

武士刀

大约 3200 年前，人们制造了第一批铁制刀剑。此后，刀剑演化出了多种形式，但许多人认为，刀剑铸造艺术的顶峰是日本武士的武器——武士刀。除刀刃外，武士刀刀身其他部分会被涂上黏土，然后被放入熔炉中煅烧。这种独特工艺使得武士刀兼具弹性刀身与锋利刀刃。

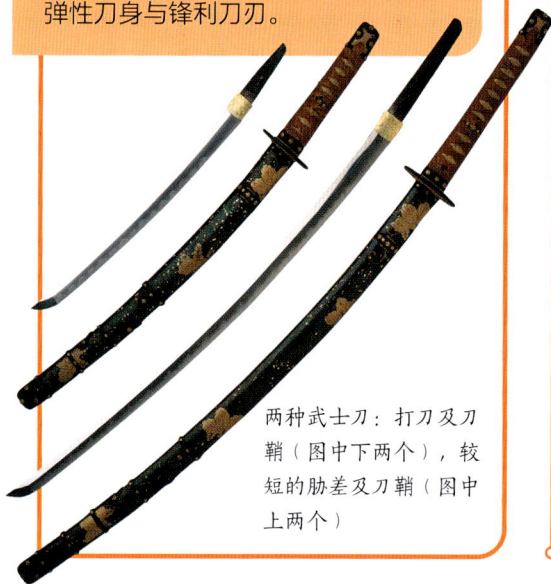

两种武士刀：打刀及刀鞘（图中下两个），较短的胁差及刀鞘（图中上两个）

随着进攻性武器的不断发展，防御性盔甲也愈发先进。早在公元前 2500 年，苏美尔地区的铁匠就可以制作相当精致的青铜头盔了。头盔防御力增强促使人们改进狼牙棒。狼牙棒顶部变得越来越扁，使打击点更为集中，能更大程度地破坏头盔。之后，狼

早期狩猎武器上的刃通常是磨尖的石块，例如印第安人制造的箭镞。

古罗马士兵围攻时使用龟甲阵。皮制盾牌保护整排士兵免受上方和前方的攻击。在火药发明前，盾牌一直是重要的防御装备。

牙棒逐渐演变成战斧。不同于狼牙棒，战斧能造成伤害依靠的不仅仅是它的重量，还有它锋利的斧刃。

　　在公元前 1200 年前后，铁制刀剑开始出现，在这之前，斧头一直是最重要的手持武器。虽然此前也有刀剑，但均用青铜铸成，其强度、长度、锋利度均有所欠缺。冶铁技术发展后，刀剑才真正成形。在之后的3000 年里，刀剑的设计不断变化，但直到19 世纪后期，它才真正用于实战。

盔甲

　　早在公元前 1500 年，古埃及人就使用皮革及小块青铜来制作盔甲了。亚述人最早制作出了铁制盔甲。出土文物显示，古希腊人在公元前 3 世纪就已经使用金属锁片或金属扣链来制作轻便盔甲——锁子甲了。但有证据表明，古凯尔特人在更早时期就穿上了锁子甲。1100 年，全身锁子甲开始出现。13 世纪，欧洲盔甲匠的金属加工技艺得到提升，他们可锻造更便宜且更坚固的铁制品。因此，锁子甲逐渐被由金属制成的、更大块的板甲取代。人们一开始既穿锁子甲，也装备板甲。但是，板甲之间的缝隙容易使人遭受攻击，于是在14 世纪的德国和意大利，全身铠甲开始出现。

历史爱好者们身穿铠甲模拟古代战斗。

投石带和弓箭

刀剑、战斧和狼牙棒属于近战打击型武器，而投掷型武器一般用于远距离攻击。石块、标枪或飞镖等最基本的投掷武器完全依靠投掷者的肌肉发力来产生速度。

投掷武器的一大发展是投石带的出现。投石带由两条细绳和一个小袋组成，两条细绳系在小袋两侧，小石子或铅弹放入袋中。投掷时，投掷者将投石带举过头顶，旋转甩动两条细绳，之后松开一条细绳，利用

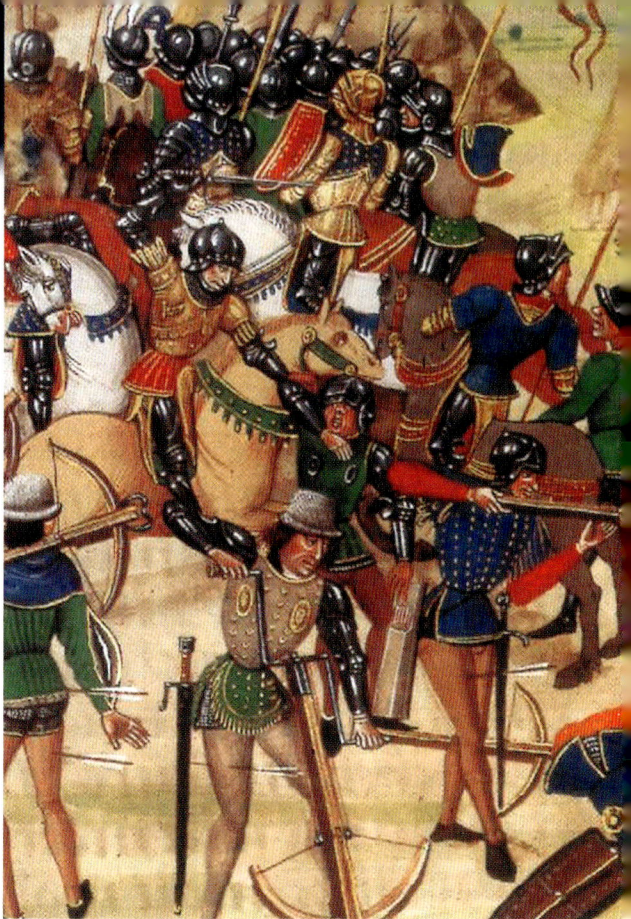

旋转产生的速度将石子或铅弹掷向敌人。在公元前300年前后，投石兵在武装冲突中发挥了重要作用。

大约在公元前3万年，人类发明了古代最重要的投掷武器——弓箭，其原理是利用

投石带容易制作，但除非是老手投掷，否则掷出的石子很难造成致命伤害。

相关信息

- 长弓长达1.8米，可将90厘米的箭射出365米。熟练的弓箭手可在60秒内射出多达10支箭。一些带有淬火钢箭头的特殊箭可从90米外射穿盔甲。

- 弩长约90厘米，可将45厘米长的箭，射出270米。弩使用简单，命中率高，但即使是熟练的弩手，60秒内也最多只能射出两支箭。

中世纪战争中的武器：步兵使用弩（左）和长弓；骑兵使用剑和长矛。

中世纪战争中的投掷武器：投掷标枪（左）、短弓（中）和威力更大的弩。

复合弓

　　大约在公元前3000年，人们发明了复合弓。这种弓射程远，穿透力强，可提高弓箭手的战斗力。复合弓分别由动物筋腱（弓胎正面，背向弓箭手）、弯曲木质弓胎（中层）和动物角片（弓胎背面，面向弓箭手）黏合而成。弓梢背向弓箭手弯曲，形成反曲结构。这种小型武器的威力在于拉弦后，筋腱层与角片层均弯向弓箭手（筋腱层被拉伸，角片层被压缩），会积聚额外张力，产生巨大推力以射出箭。

动物筋腱

动物角片

箭

反曲结构

复合弓体积小，威力大，是马背上的士兵的理想武器。

城堡外庭设有
小教堂和马厩

主楼

城墙为护城士兵提供防御

碉楼

箭孔

门楼

幕墙

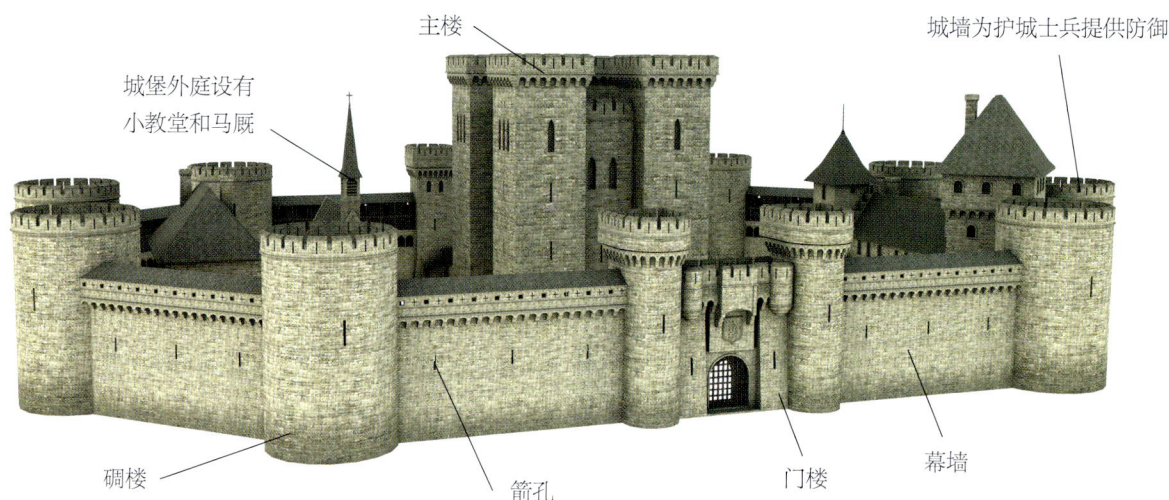

这是一幅中世纪欧洲石制城堡的插画。

弓弦拉动弓臂时所积聚的张力，以极快的速度射出箭。在公元前3000年前后出现的复合弓则是弓箭发展中最关键的技术创新之一。在整个中世纪，复合弓（由动物筋腱、木质弓胎、动物角片黏合制成）一直是非常高效的武器。杰出的军事家成吉思汗的士兵把复合弓的杀伤力发挥到了极致。

12世纪，弓的性能迎来了两次提升。首先是弩的升级。早在公元前6世纪，中国人首先尝试把弓横置于木质弩臂上，并配备了机械张弦装置和触发器。这种设计在1800年后才传到了欧洲。凭借机械张弦装置，弩的破坏力得到极大提高，发射的铁箭甚至能够射穿最坚固的盔甲。但是，弩也有不少缺点，如换箭慢。每次发射后，弩手必须缓缓拉回弓弦，产生足够的张力，以供下次发射。

威尔士长弓克服了弩的诸多缺点。由于采用强度高、韧性足的紫杉制成，威尔士长弓具有复合弓般的拉伸性。在身体强壮、射技精湛的弓箭手手中，这种长约1.8米的

攻城

公元前334年，古希腊统治者亚历山大大帝（Alexander the Great）入侵波斯帝国时，他的工程师狄阿底斯（Diades）发明了一种被称为"乌鸦"的攻城机器。"乌鸦"采用立式支架结构，支架上悬挂一根重型长钩，用来钩住上方城墙。狄阿底斯还发明了另一种起吊式攻城机器。这个机器也采用立式支架结构，支架上悬挂桅杆，桅杆末端挂有巨大吊篮，攻城士兵就藏匿其中，待吊篮靠近敌方城墙时再降低其高度，藏匿的士兵就可直接爬上城墙。

士兵依靠起吊式攻城机器升至敌方城墙，而后发起进攻。

攻城机类型

攻城梯

古希腊工程师达米斯（Damis）设计了一种名为"萨姆布卡"（Sambuca）的攻城梯。士兵沿着吊梯，爬到攻城梯一端的顶部箱内。攻城梯另一端的尾部箱内装有配重物。攻城梯利用杠杆原理把士兵抬升到敌方城墙垛口。

纵火车

纵火车（Fire-raiser）主体是一根长木，长木内部被挖空后用铁管贯穿。长木朝外的一端装有一口大釜，里面装满燃烧的煤块、硫黄和沥青，用来点燃敌方围栏。长木朝内的一端用铁皮包裹着，以防着火。

破城槌

右下图展示的是公元前4世纪的破城槌。破城槌槌头的尖刺部分是用金属制成的，槌身被放置在由耐火材料搭建的防御顶中。破城槌整体借助四轮底座移动，槌头依靠绳索和滑轮前后摆动来撞击。

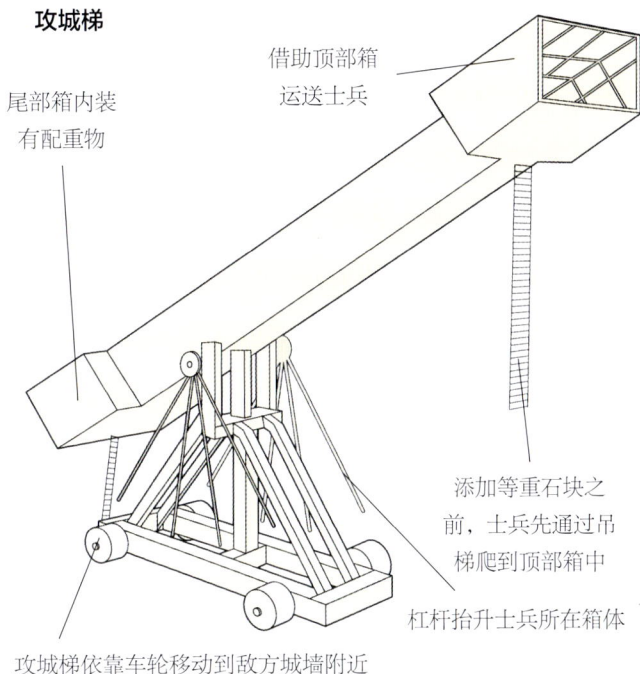

攻城梯

尾部箱内装有配重物

借助顶部箱运送士兵

添加等重石块之前，士兵先通过吊梯爬到顶部箱中

杠杆抬升士兵所在箱体

攻城梯依靠车轮移动到敌方城墙附近

破城槌

槌头被吊挂着，所以容易前后摆动

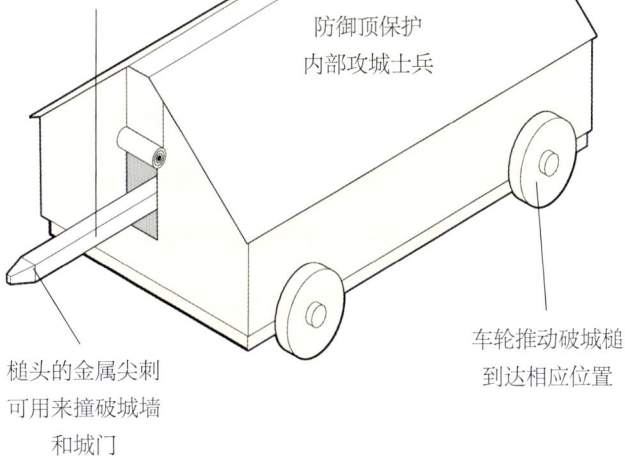

防御顶保护内部攻城士兵

槌头的金属尖刺可用来撞破城墙和城门

车轮推动破城槌到达相应位置

古埃及纸莎草纸画中的战车。弓箭手驾驶战车在战场上快速移动。

长弓威力巨大，命中率极高。在1415年的阿金库尔战役中，这种武器成为英军击败法国骑兵的关键。

防御工事和围城

早在数万年前，人们就开始在自家房屋和居住点周围建造防御墙。防御工事的历史可追溯到公元前8000年左右的耶利哥城。除了围城迫使敌人出城战斗或断绝城内粮草而迫使敌人投降，攻城军队一直缺乏攻破城堡或迫使敌人投降的有效方法。直到公元前900年，亚述人发明了破城槌之类的器械，发展出了新的攻城战术。他们把破城槌挂在四轮木架上，木架顶部用经过特殊处理的皮革覆盖，士兵依靠绳子拖拽破城槌，产生冲击力从而撞破城墙和城门。

亚述人还使用攻城梯和围城坡道翻越城墙，同时还使用移动雉堞（安装在车轮上的大型防盾）保护攻城士兵免受城堡内弓箭手和投石兵的攻击。

抛石机

古代的抛石机是用来投掷重物的武器。人们将扭力抛石机的发明归功于西西里岛沿岸城市叙拉古（今意大利锡拉库萨）的僭主狄奥尼修斯一世（Dionysius the Elder，公元前405年—公元前367年）。但早在公元前500年—公元前400年，人们其实已经开始使用这类武器了，比如大型石弩及可发射巨型火箭、射程达450米的弩炮。在公元前379年—公元前367年，狄奥尼修斯一世征服意大利南部时，这类武器发挥了重要作

抛石机的攻击效率

几个世纪以来，人们不断增加抛石机机械臂的后弯角度，从而增大其所连接的弹簧的扭力，提高抛石机的攻击效率。

1 古希腊早期的抛石机的机械臂可以从初始位置向后弯20°，再向后弯35°。

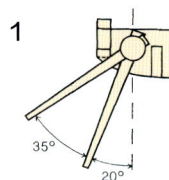

2 大约从公元前50年开始，其机械臂的后弯角度增加了10°。

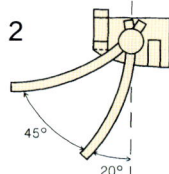

3 公元100年，由于弹簧更加后置，手持抛石机凭借其金属框架，进一步增加了其机械臂的后弯角度。

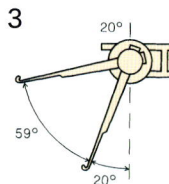

"野驴"抛石机

因为抛射时力大如驴子蹬腿，所以古罗马的扭力抛石机又被称为"野驴"抛石机。这种抛石机通过扭动绳索来积蓄扭力。弹射杆通过绞盘向后弯曲。

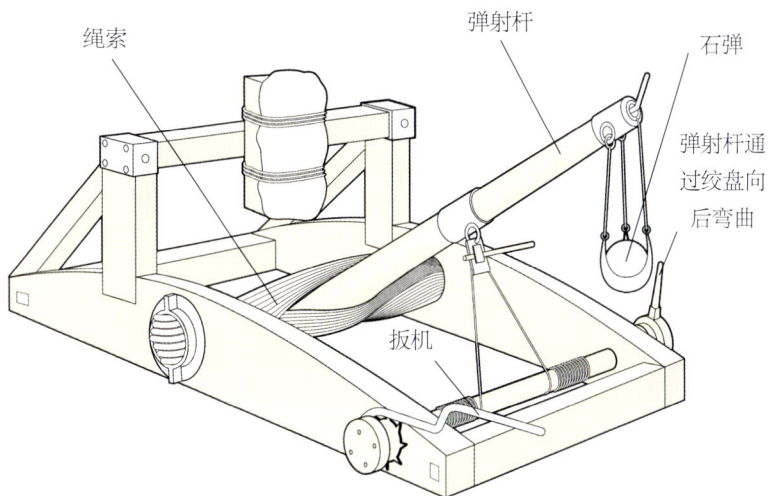

绳索

弹射杆

石弹

弹射杆通过绞盘向后弯曲

扳机

"野驴"抛石机投掷石弹。松开绞盘上盘紧的绳索，弹出弹射杆，向前抛射石弹。这种抛石机的历史可追溯至大约公元350年。

用。马其顿人发明了更为轻便的抛石机和弩炮，其可用于运动战。

骑兵和轮式战车

公元前3000年，美索不达米亚平原（今伊拉克）首先出现了轮式战车。公元前1800年，人们开始使用轻型双马战车。这种战车具有带辐条、轮毂且可以围绕一个固定的轴转动的车轮，可载两人。古代军队结合战车与步兵、弓箭手及长矛兵来排兵布阵。配有弓箭手的战车可成为移动进攻点。公元前2500年—公元前900年，战车是战争中最为关键的武器。

由于没有马镫支撑脚部，早期的骑兵在马上不但无法挥舞重型武器，也容易被拉下马，故其攻击力逊于战车。然而，到公元400年—1300年，骑兵逐渐成为欧洲和中东地区战场上最关键的作战力量。

这一变化得益于多项技术的发明，其

弩炮

古罗马的弩炮虽形同一把巨大的弩弓，但实质为扭力抛石机，由两组紧密缠绕的绳索积蓄推力。弩炮填弹时，向前推动板机，使其挂在发射弦上。然后，通过绞盘扳回扳机，拉紧发射弦，并利用棘轮防止发射弦向前飞，直到发射完毕。

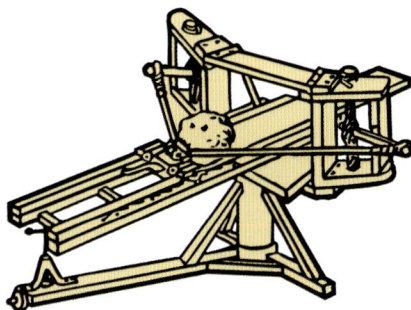

中最关键的是马镫、实木马鞍和带有马衔的马勒的发明。实木马鞍将骑兵的体重分散在整个马背上；而马镫则将骑兵牢牢固定在马上，更方便其冲锋陷阵；带有马衔的马勒有利于骑兵在战斗中持续控制战马。马镫可能起源于公元前300年–公元100年时的中亚草原，西欧最早使用马镫可追溯到公元500年–1000年。

金属加工工艺的提升巩固了骑兵的战场统治地位，同时也促进了重甲的发展。这种盔甲一般由被称为"骑士"的贵族战士穿戴。得益于金属加工工艺的提升，人们可以铸造更长的刀剑，最长可达1米。10–11世纪，标枪被长矛取代。这种带有锋利金属尖头的长木杆武器可把敌方骑兵挑落马下。

在14世纪中期之前，骑兵部队在西欧的战场上一直占据主导地位。然而，弩和长弓的出现使天平倒向了步兵一边。骑兵落幕的另一个重要因素是长矛在15世纪的复兴。这种长木杆武器一般长约3.5米，末端为长尖头。战斗中，士兵并不抛投，而是手持长矛，掀翻敌方冲锋的骑兵。1460–1499年，瑞士步兵使用长矛、戟、长柄斧等手持武器，多次打败勃艮第公国和神圣罗马帝国的骑士。

火药时代

火药的发明标志着骑士时代的终

战象

印度是最早在战争中将大象作为武器使用的国家，之后这种用法传到了古希腊和迦太基（今突尼斯）。战象可震慑敌方士兵和马匹，但人们很快就有了破解之道，那就是想方设法使战象踩踏其本方士兵，以造成自伤。反战象措施包括在地面上铺设链式铁钉以刺穿象脚，也许这可以算是反坦克地雷的早期雏形。

柬埔寨的一幅石刻壁画，描绘了战象与步兵并肩作战的场景。

结。11世纪，中国古籍记载了烟火的配方，但这种缓慢燃烧物并非现代的炸药。在古代，中国人用它来制作火箭。最初，这些火箭被用来驱赶恶魔，到12世纪时被用于战争。

早期的手榴弹本质上就是装满火药、

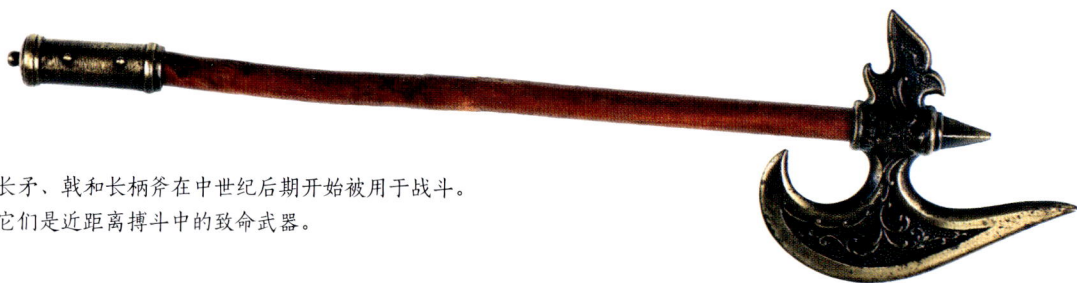

长矛、戟和长柄斧在中世纪后期开始被用于战斗。它们是近距离搏斗中的致命武器。

石子、碎瓷器和铁球的竹管。中国的军队早在13世纪就开始使用装有火药的竹枪，而1个多世纪后，他们开始制造金属枪。

中国的火药配方可能在13世纪初传到欧洲，又过了将近100年，欧洲才将火药作为爆炸推进剂用于战争。科学家罗杰·培根（Roger Bacon，1214—1294）和学者艾尔伯图斯·麦格努斯（Albertus Magnus，约1200—1280）详细记载了火药的制造过程。在西方，有文字记载的第一次使用火药的战争是1346年的克雷西会战。

欧洲最早的火药武器应该是小型金属火炮。这种罐状火炮装满火药后点燃可发射火箭。14世纪末，人们不断改进这种小型火炮，最终发明了巨型射石炮，可发射重达140千克的石弹。得益于金属加工技术的进步，人们可以制造炮管更长、射程更远、威力更大的加农炮。大约1450年，人们又发

德国炼金术士、修道士贝托尔德·施瓦茨（Berthold Schwarz）在1313—1353年偶然发现了炸药。不过，如今可以确认的是，炸药也源自中国，毕竟在施瓦茨发现炸药的几个世纪前，中国就已发明了各种炸药制品。

社会和发明

骑士时代

装甲骑兵，也就是人们熟知的骑士，在古代军事中至关重要，各国君主往往需要向骑士分封土地以换取其的效忠。骑士一般从童年时开始接受军事训练，且会持续一生。中世纪的欧洲社会等级制度森严：拥有封地的骑士将农田租给佃农耕种，骑士依靠收获的农产品（一部分作为赋税上缴）生活、购置昂贵装备、养护马匹、雇用助手、参加比赛展示武技（右图为现代的历史爱好者模拟骑士比武）。久而久之，能否进入骑士阶层便完全取决于出身，骑士最终成为统治欧洲近1000年的贵族阶层的一部分。

明了铸铁炮弹。由于体积、重量大，加农炮起初主要被用于攻城战。40多年后，法国人研制出了可安装在两轮马车上的轻型青铜加农炮。

手枪

最早的手枪与加农炮是同一时期出现的。这种手枪的主体为普通铁管或黄铜管，顶部有孔（即火门）。射击前，射击者将弹药装入枪管中。射击时，他一只手握住枪管，另一只手用炽热的铁丝通过火门引燃火药。

这种手枪不仅噪声大、精度不高，而且射击几次后，枪管极为烫手，让人难以握持。

15世纪，手枪在点火和精度方面都得到了提升，正式成为加农炮之外的另一类武器。手枪的火门从顶部转移到侧面，同时增加了盛装引火药的底火盘。被硝石（即硝酸钾，从岩石中提炼出的易燃粉末）溶液浸泡过的火绳点燃后会持续闷燃，进而点燃火药、发射子弹，这种枪也被称作火绳枪。火绳枪的出现意味着枪手不必始终待在火场附

榴霰弹

1784年，英国军官亨利·施雷普内尔（Henry Shrapnel, 1761—1842）发明了里面充满炸药和子弹的榴霰弹。榴霰弹从加农炮中发射后，在空中爆炸，大面积溅射金属弹片，可对步兵和骑兵造成致命伤害。

轻型加农炮

瑞典国王古斯塔夫二世（Gustavus Ⅱ，1594—1632）进一步改良了加农炮。针对加农炮因过于沉重而在战场上难以移动的问题，古斯塔夫二世缩短了炮口直径和炮管长度以减轻大炮重量，用铜铁铸造炮管来保持其强度。轻型加农炮可以在战场上移动，协助步兵和骑兵进攻。

近也能使用手枪。

伴随火绳枪的发展,点火击发装置也在不断改进。比如,人们发明了固定在火绳枪侧面的蛇形杆。它的一头固定着燃烧的火绳,另一头连着扳机,按下扳机后,火绳便会自然朝下点燃火药。枪管被嵌入木质枪托中,其末端与木质枪托之间还被添加了弧形木质基座。通过这种设计,枪手可握住基

下图中,两名炮手使用倾斜仪测量炮口的倾斜角度,以提高加农炮的瞄准精度。

火绳枪

15世纪发明的火绳枪是另一种早期手枪(见下图)。尽管火绳枪较为笨重,且射击时必须放在金属支架上,但因其拥有长长的枪管而威力十足,它可以穿透所有类型的盔甲。该枪换弹时间长,需要完成多达97个分解步骤才能再次射击,因此该枪发射率偏低,或许每两分钟才能开一枪。尽管缺点不少,但火绳枪仍成为当时欧洲各国军队的主要武器。后来,身为工程师的瑞典国王古斯塔夫二世简化了该枪的装填步骤,将它的射速提高了一倍。

刺刀

火药枪械的出现使得欧洲步兵陷入攻防两难的境地。由于重新装填弹药时间过长，枪手容易遭到敌方士兵手持刀剑、斧或长矛等传统武器的攻击，因此步兵部队必须由携带不同类型武器的士兵组成。火药枪械与挥砍类武器的结合最终彻底改变了战争。在法国，有人发明了可插入手枪枪口的刺刀。这种刺刀可作为枪手的刺杀武器，但插入式设计导致手枪无法再射击。法国的一名军事工程师对此进行了改进。他发明了固定在枪管外部的套筒型刺刀，保证枪既可射击，又能作为小型长矛用于近距离作战。如今，所有持枪士兵都可以进行远距离和近距离战斗。

带有刺刀的步枪结合了两种技术：用于远距离射击的火药和用于近距离战斗的刺刀。

座，将木质枪托顶在肩上瞄准和射击，与今天的士兵使用步枪射击一样。这种枪被称为火绳钩枪，该枪直到16世纪中期都是步兵的标配武器。

起初，在枪手装弹时，长矛手会为其提供保护。到17世纪末，刺刀（附在枪口上的匕首）的安装意味着枪手可以进行自我防御。

17世纪末，火绳枪被燧发枪取代。改用燧发枪后，步兵的作战能力随之提高。与其他枪相比，燧发枪装弹快、更便宜、零件少且维修简便。

火药枪械的发展意味着现代军事发展的关键在于运用科技而非钻研徒手搏斗技巧。调整加农炮的最佳发射角度以击毁敌方防御工事，以及制造和运输火药已经成为军事领域的关键技术。事实上，"工程师"这一称谓早已在军事领域被广泛使用，它指那些掌握新型"战争引擎"的能工巧匠。但直到18世纪，工程师才走出军事领域。英国发明家约翰·斯密顿（John Smeaton，1724—1792）成为首位"民用"工程师。

撞击式火帽

1815年，美国发明家乔舒亚·肖（Joshua Shaw，1776—1860）将引火药装入金属管中，设计出了撞击式火帽。这种类型的枪用锤撞击金属管内的击针，引燃火药，因此比燧发枪更加可靠，在雨天也可射击。

火绳枪和燧发枪

火绳枪

火绳枪发展于 15—16 世纪。蛇形杆可绕固定中枢转动，其尾部有一根缓慢燃烧的硝石火绳。推动扳机后，蛇形杆尾部被抬起，火绳下降，与引火药接触，点燃枪管中的火药。

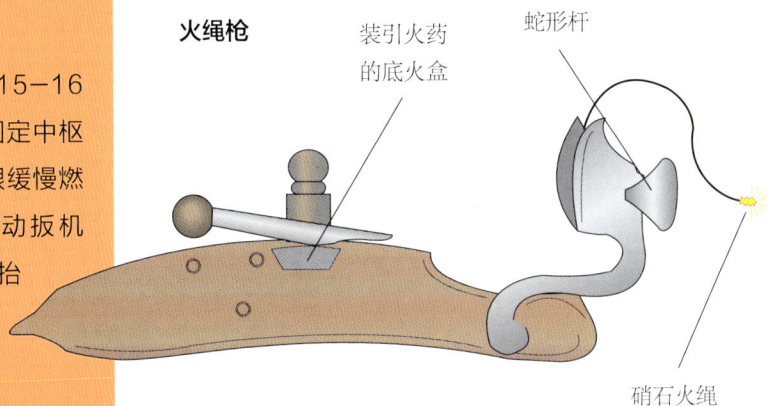

燧发枪

17 世纪，火绳枪被燧发枪取代。燧石固定在击发锤中，扣动扳机后，击发锤击打钢片盖板产生火花。同时，撞击还使盖板前移，推开底火盘，点燃引火药，从而引燃枪管中的火药。

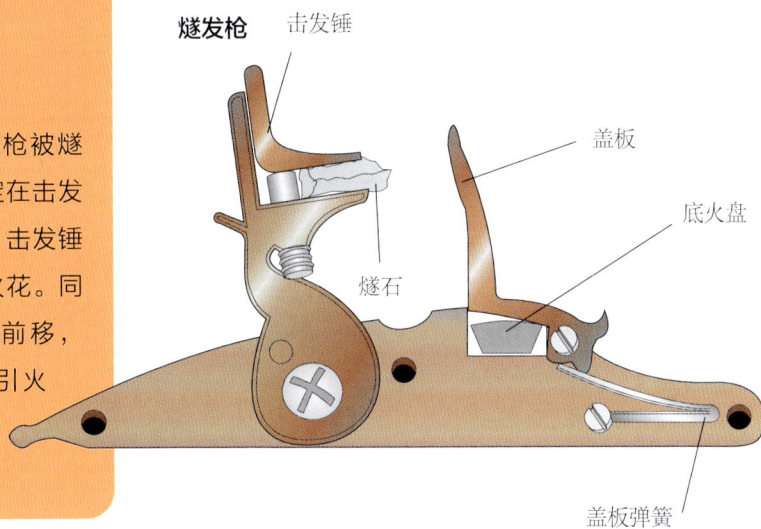

火绳枪

装引火药的底火盒

蛇形杆

硝石火绳

燧发枪

击发锤

盖板

底火盘

燧石

盖板弹簧

1850 年到核战时代期间的战争

美国内战期间，炮兵在约克镇围城战中使用重达 9 吨的巨型迫击炮。

起初，工业革命并未彻底改变军队的武装或作战方式。然而，到美国内战时期（1861—1865），工业显然永远改变了战争的性质。

首先迎来重大革新的武器是步兵步枪。德国人约翰·德莱赛（Johann Dreyse，1787—1867）发明了第一支现代后膛装填步枪。该枪早在 1848 年便开始服役，但它的设计一直处于严格保密之中。美国内战初期，大多数士兵使用的仍是老式前膛装填步枪，但这场战争使后膛装填步枪得到了逐渐推广。美国设计师本杰明·泰勒·亨利（Benjamin Tyler Henry）发明了亨利连发步枪，而克里斯多弗·斯宾塞（Christopher Spencer）发明了短管连发步枪（即斯宾塞卡宾枪）。这两种后膛装填步枪均可快速连发。19 世纪 70 年代，战场上常见的是亨利连发步枪的改良版——温彻斯特步枪。

19 世纪 80 年代，美国、英国和德国的一些兵工厂生产出了性能可靠的步枪。这些步枪均是后膛装填步枪，口径约 7.62 毫米，每 60 秒可以射击 10 次，是两次世界大战中的标准步枪。

20 世纪 30 年代，步枪的射速得到了

步枪装填技术

前膛装填步枪

19世纪60年代之前，大多数步兵装备的是前膛装填步枪。射击前，士兵先将火药从枪口填入枪管，再装入铅球或子弹，并将其挤压到火药顶部，然后用布塞紧。如果使用这种装填方法，士兵每分钟最多只能射出3枪。

后膛装填步枪

精密钢制零部件的发展为后膛装填步枪的研制奠定了基础。射击前，士兵先将由火药和弹头组合装填的定装弹装入后膛，之后前推钢制圆柱形枪栓封闭后膛，扣动扳机发射子弹，再向后拉动枪栓打开后膛，装入下一发子弹。

自动步枪

步枪装填技术的下一步发展便是自动装填技术。开枪后，火药燃烧产生的部分废气压动枪栓重新装弹：枪栓由废气或气动活塞拉回，弹出空弹壳，同时压缩枪栓弹簧，前推枪栓，使下一发子弹上膛。

突击步枪

现代突击步枪与传统自动步枪一样，均利用废气来驱动枪栓，但前者可以自动连射，也就是说两次射击之间无须扣动扳机。突击步枪的主要问题在于需要降低射速至可控范围内。

米哈伊尔·卡拉什尼科夫（Mirhail Kalashnikov，1919—2013）于20世纪40年代后期研发的AK-47，是使用最广的现代突击步枪之一。

后膛装填步枪

向后拉动枪栓杆，空弹壳退膛。
向前推动枪栓杆，推弹上膛。

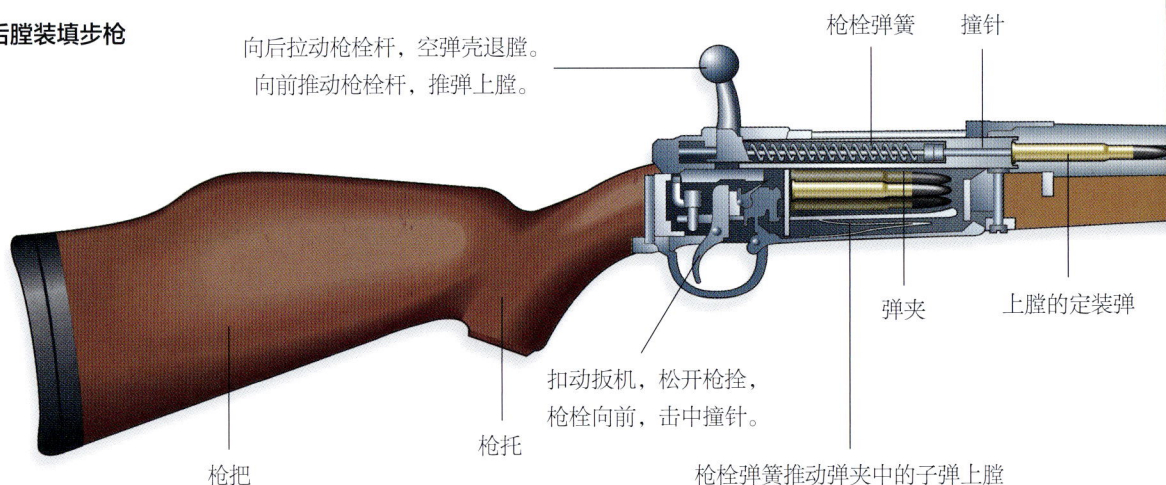

枪栓弹簧　撞针

枪把

枪托

扣动扳机，松开枪栓，
枪栓向前，击中撞针。

弹夹

上膛的定装弹

枪栓弹簧推动弹夹中的子弹上膛

第一次世界大战期间，步枪的弹夹可装10发定装弹，能射中远达600米的目标。

19世纪80年代，美国的一家兵工厂大量生产了可装6发子弹的左轮手枪。

进一步提高。美国工程师约翰·加兰德（John Garand，1888—1974）研发出了一种自动步枪。1936年，美国陆军开始装备这种当时最先进的步兵武器。第二次世界大战期间，德国人研发出了第一代精度较高、能够单发且自动射击的突击步枪MP-44。苏联工程师米哈伊尔·卡拉什尼科夫借鉴此设计发明了AK-47。该枪可能是当今世界使用最广的步枪。

制造枪炮的金属

英国冶金学家亨利·贝塞麦（Henry Bessemer，1813—1898）发明了新的钢生产技术，促进了枪支制造材料的更新换代。钢制枪更为坚固、质量更轻、火力更大。德国人阿尔弗雷德·克虏伯（Alfred Krupp，1812—1887）及其他军火商使用强度更高的钢制造了后膛装填的线膛炮，其性能远优于旧式火炮。

枪管　　　　　　　　　　　　　　　瞄准具

枪口

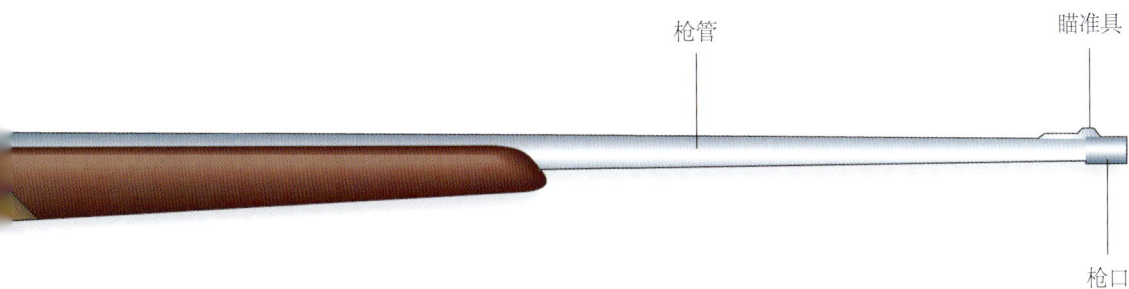

线膛枪和线膛炮的优势

19世纪40年代以前制造的枪支大多数属于滑膛枪，即枪管为光滑的空心圆柱管，因此枪手很容易将子弹从枪口装填入后膛。但开枪后，子弹沿枪管向上飞出时会出现摆动，这就降低了射击精度。不过，人们也早早发现了线膛枪的优势。这种枪的枪管内有一圈圈螺旋凹槽，可使子弹飞出枪管后旋转，从而保证出膛更稳、精度更高。要实现这种效果，子弹必须紧贴枪管内部，但这样会使子弹很难从枪口被装填入后膛，从而降低了射速。1841年，克劳德-爱迪尔内·米涅（Claude-Etienne Minié，1804—1879）研制出一种锥形子弹，解决了这一难题。由于子弹的直径小于枪管的口径，因此这种子弹射出后会沿枪管下方飞行。射击后，枪管中产生的气体使子弹膨胀，嵌入枪管内的膛线中，从而确保了射击的精度。如今，线膛枪和线膛炮已成为步兵和炮兵部队的标配。

第一次世界大战期间，火车运输的列车线膛炮，可发射旋转炮弹，直击远处目标。

阿尔弗雷德·诺贝尔

瑞典人阿尔弗雷德·诺贝尔（Alfred Nobel，1833—1896，见下图）不仅是一位杰出的工程师，还是一位百折不挠的化学家。拥有大型制造企业的他对炸药十分着迷，于是开始深入研究，希望制造出比常用的火药更为有效的炸药。通过硝酸纤维素（硝化棉）和硝化甘油的实验，他发明了多种稳定、安全且威力巨大的新型炸药，比如工业上常用的硝化甘油炸药和胶质炸药，以及奠定现代弹药基础的无烟炸药。他的炸药研究遭到了众多同胞的质疑。诺贝尔捐献了大部分财产用以成立基金会，奖励五大重要领域中的杰出贡献者，诺贝尔和平奖就是其中最著名的奖项之一。

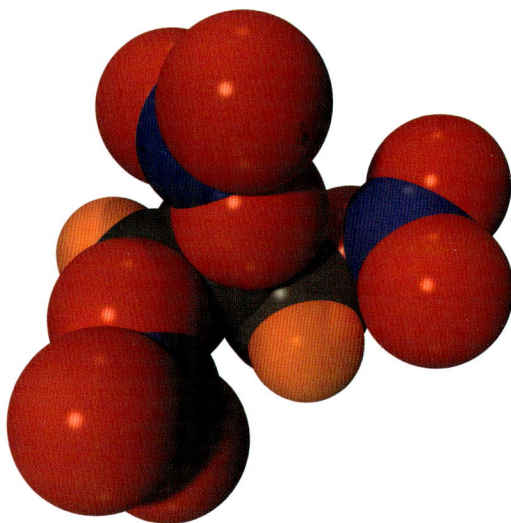

硝化甘油分子由氮原子（蓝色）与氧原子（红色）松散结合而成。爆炸过程中，这些化学键断裂，快速释放大量能量。

火炮革新

19世纪，火炮的发展没有步枪那样迅猛，但随着线膛枪的普及，军火商开始制造线膛炮。然而，制造重型线膛炮困难重重，要想取得重大突破，首先要制造出更为坚固的炮管。1854年，英国工程师威廉·阿姆斯特朗（William Armstrong，1810—1900）使用一系列锻造铁管制造了第一批可靠耐用的线膛炮管，之后阿姆斯特朗制造的炮管很快被英国陆军采用。

线膛炮的制造迎来真正的突破是在1897年。当时，法国施耐德公司生产了一种75毫米口径的新型火炮。这种火炮不仅具有线膛炮管和后膛装弹装置，还具有后坐系统，可使发射后的炮管自动回到初始位置。同时，该系统吸收火炮发射时的后坐力，炮兵无须把离开炮位的大炮推回原位（往常的做法），因此该炮每秒可发射6枚定位炮弹，射速快于当时的任何火炮。尽管

诺贝尔炸药厂的大部分工作由女工完成。她们把泥土和木屑加入危险的、易挥发的硝化甘油中，使其稳定。

火炮在20世纪得到了进一步发展，变得射速更快、射程更远、装药量更大，但后来的火炮实际都遵循了法国75毫米口径的火炮的设计。

人们一方面不断研发新式步枪与火炮，另一方面也在研制威力更大的新型炸药。火药虽已被沿用了多个世纪，但其爆炸力相对有限。1846年，化学家C. F. 舍恩拜因（C. F. Schonbein，1799—1868）在棉花中添加了硝酸，发明了硝化棉。

硝化棉虽威力比火药大得多，但极不稳定，因此多国军队并未采用这种非常危险的炸药。1875年，瑞典化学家阿尔弗雷德·诺贝尔取得了突破，他将硝化棉与硝化甘油结合，制成了硝化甘油炸药。这种炸药引爆前性质稳定，引爆后无烟燃烧，主要用于采矿业和制造业。在甘油炸药的基础上，诺贝尔又研发了军用无烟炸药。英国化学家弗雷德里克·阿贝尔（Frederic Abel）和詹姆斯·德鲁尔（James Drewer）当时也在进行类似的稳定无烟炸药研究，他们共同发明了另一种稳定的无烟炸药——无烟线状火药。

机关枪

与现代火炮一样，机关枪也是两次世界大战中的主力武器。虽然自动连发概念

炸药升级

尽管枪支主要的爆炸推进剂是无烟炸药和无烟线状火药，但填充炮弹最为常见的炸药是三硝基苯酚（又称苦味酸）。1886年，法国人首先进行了三硝基苯酚炸药测试。1902年，德国人发明了TNT（三硝基甲苯）来替代三硝基苯酚炸药，TNT更为安全稳定，成为填充炮弹的标准炸药。相比火药，TNT威力更大，填充TNT的炮弹破坏性极大。因此，远程炮击成为两次世界大战的典型特征。

第二次世界大战期间，英国ICI公司研发了第一批塑性炸药。这种炸药操作安全，易于塑形且难以查出，最早在第二次世界大战中为英国突击队和抵抗组织所使用，此后被恐怖组织滥用，在世界各地制造恐怖袭击。

火焰武器

20世纪初，德国发明了喷火器（也称火焰喷射器）。1915年，德军在战争中使用了这种武器，取得了奇效。最早的喷火器是一根通过压缩空气来喷射汽油的钢管，随后英国人研发出了类似的喷火装置，但是第一次世界大战期间的各种喷火器都十分笨拙，且射程太短。之后，人们发现，相比普通汽油，凝固汽油的燃烧范围更广，同时可产生剧烈高温，并会附着在其接触的任何物体的表面。因此，在第二次世界大战中，喷火器改用凝固汽油，使杀伤力大大增强。英国人还制造了绰号为"鳄鱼"的喷火坦克，该坦克可发射100发汽油弹，射程达80米，还配有一辆后置装甲拖车用以装载汽油弹。越南战争期间（1955—1975），美军使用凝固汽油弹大面积清扫战场。

本图展示的是凝固汽油弹的破坏力测试场景。凝固汽油弹爆炸后，产生高达800℃的高温，并附着在其所接触的各种物体的表面，包括人体。

早已存在，但自动连发枪直到19世纪60年代才真正被用于实战。1862年，美国发明家理查德·加特林（Richard Gatling，1818—1903）制造了第一架性能可靠的机关枪。通过摇转手柄，加特林机关枪的10支枪管围绕中间的公共轴旋转，每转动一圈，各枪管依次完成装弹、发射、弹出空弹壳。法国人也研发出了手摇式机关枪，每分钟可发射125发子弹。法军曾在1870年的普法战争中使用该枪，但实战效果一般。

得益于威力强大的诺贝尔无烟炸药，

美国发明家海勒姆·马克沁（Hiram Maxim，1840—1916）于1884年研制出第一架全自动机关枪。不同于手摇式机关枪，马克沁研制的全自动机关枪利用开枪后产生的气体及后坐力换弹，每分钟可发射500发子弹。之后，该机关枪被众多欧洲国家仿制，并在第一次世界大战中产生了惊人的效果。

为防止持续射击导致枪管过热，马克沁为机关枪安装了水冷装置，以给枪管降温，因此这种枪较为笨重，在战场上运输不便。众多发明家致力解决这一问题。1912

19世纪80年代，马克沁展示了他发明的机关枪。此外，他的儿子发明了枪械抑制器（消音器），改良了捕鼠器。

年，艾萨克·牛顿·刘易斯（Isaal Newton Lewis，1858—1931）研制出了更为轻便的风冷机关枪。第一次世界大战期间，同盟国军队采用了这种便于携带的轻机枪。

机关枪

作为一种可满足多项作战需求的武器，机关枪既能提供火力支援，又可击落飞机，并且足够轻便，易于步兵携带运输。德国1934年研制的MG-34机关枪便是此类机关枪的鼻祖，自诞生之日起，它就被广泛仿制。该机关枪可安装在两脚架上，也能安装于三脚架上，去射击空中目标。MG-34机关枪射击时，子弹经弹性弹链进入后膛，并通过气动自动装弹系统弹出空弹壳、装载下一发子弹。该机关枪1分钟能够发射1000多发子弹，但为防止枪管过热，射击时间不能过长，枪管也必须经常更换。位于枪管末端的消焰器使敌人很难定位机关枪的位置。

M249机关枪
（1984年至今）

前瞄准具
枪把
消焰器
两脚架
后瞄准具
弹匣

手榴弹和迫击炮

手榴弹是第一次世界大战期间出现的另一种简易的步兵武器。手榴弹是一种手持式炸药，在投向敌方5~7秒后引爆。手榴弹相当于步兵的"口袋火炮"，是堑壕战中的一大利器。

为了打赢堑壕战，人们还发明了迫击炮。迫击炮炮筒短、射角大，用于向敌方投掷炮弹。

迫击炮参战历史悠久，但第一批现代迫击炮直到1908年才在德国诞生。英国和法国随后分别制造了斯托克斯迫击炮和勃兰特迫击炮。1939年，德国研制出了81毫米口径的迫击炮。该炮设计卓越，炮身由可调节支架抬升，炮尾则置于底板上。炮手从炮

这是18世纪初的一种迫击炮，既可从主炮筒发射大型炮弹，也可从侧炮筒发射小型手榴弹。

社会和发明

战争的代价

19世纪和20世纪，武器的发展大大提高了军队的杀伤力。步枪手每分钟至少可以发射10发子弹，而且命中率极高。被称为"步兵撒手锏"的机关枪更是火力十足，可大面积扫杀敌方的冲锋步兵。火炮可发射普通炮弹和瓦斯弹，造成数千人死亡。1916年7月1日，英军一天之内便伤亡了6万余人。随着战争越发机械化，武器也更具杀伤力。第二次世界大战共导致3200万人死亡。

美国在卢森堡建立的第二次世界大战阵亡烈士公墓。现代战争使用的各种武器，造成大量军民伤亡。

地雷战

早期地雷是由矿工通过在战场中挖通的隧道埋放在敌方阵地之下的大型炸弹。为应对坦克，军事发明家在20世纪30年代研发出了装满炸药的现代埋入式地雷。这些地雷被埋入土中后，只要上方有坦克开过或被士兵踩到便会引爆。地雷易造、易埋，但不易被发现和移除。现在，清除原战争区域的遗留地雷仍是众多国家的棘手问题。

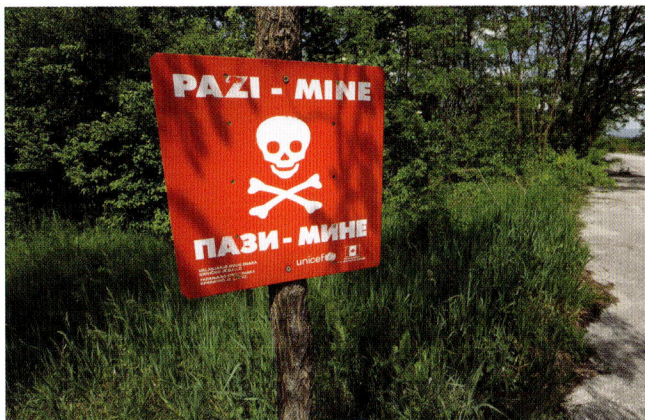

20世纪七八十年代，柬埔寨在战争期间埋设了600万枚地雷，共造成4万名平民伤亡。

口装填炮弹，炮弹滑入炮膛撞击击针后完成发射。所有现代迫击炮基本都遵循此设计。

化学武器

毒气是第一次世界大战期间发明的另一种致命武器。1899年，多国签订《海牙公约》，谴责在战争中使用毒气，但德国、法国、英国这3个国家仍未停止毒气研究。德国化学家弗里茨·哈伯（Fritz Haber，1868−1934）研制出了用于军事用途的氯气和光气。第一次世界大战期间，法、德两军在比利时的伊普尔地区开展了毒气战。1914年8月，法军首先对德军使用催泪瓦斯，但真正影响这场战争的是德军于1915年4月22日发动的氯气攻击。

由于没有防毒面具，大批法国士兵恐慌逃跑，导致防线溃散。起初，毒气从瓶中

手榴弹被拔出保险针后处于未保险状态。投掷者此时松开握把，引爆引信，数秒后手榴弹就会爆炸。

第二次世界大战期间，英国儿童头戴防毒面具，以抵御化学武器袭击或毒气空袭。

释放出来并随风传播，但不久，德军开始在炮弹内灌注毒气，向敌方发射毒气弹。第一次世界大战期间，毒气攻击共造成9万多名士兵丧生。

装甲战

内燃机发明后，各国军队很快意识到这种动力机械在武器运输上的优势。1910年，汽车被用来转移部队和机关枪。

伟大的意大利艺术家、发明家莱昂纳多·达·芬奇（Leonardo da Vinci，1452—1519）曾设想过履带式装甲车。然而，直到1915年，英国工程师欧内斯特·斯温顿（Ernest Swinton，1868—1951）和威廉·特里顿（William Tritton）才共同制造了第一辆实用坦克——马克I型坦克。坦克

作为首辆投入实战的坦克，马克I型坦克（Mark 1）于1916年推出。这座"移动炮台"在坑洼不平的战场上几乎如履平地。

炮塔

履带

驾驶室窗口

装甲车体

以现代引擎驱动，靠可穿越任何地形的履带行走，配备优质钢甲防御和速射炮进攻。

第一次世界大战期间的坦克尽管体型笨重、移动缓慢，但可以压倒铁丝网，掩护步兵攻击。第二次世界大战期间，德军发起了多次被称为"闪电战"的新型快速运动战，其中充分利用了移动快速、装备精良的坦克（在近距支援飞机的掩护下）。

1945年，人们已经攻克了步兵武器、火炮和坦克的大部分关键技术难点。随着第二次世界大战期间原子弹和制导火箭弹的出现，战争进入了一个更具破坏性的全新时代。

相关信息

- 英国马克 I 型坦克装备了机关枪和可发射 2.7 千克炮弹的坦克炮。该坦克总重达 28 吨，最高速度为 6 千米/时。

- 第二次世界大战期间，苏联生产了大量 T-34 坦克。该坦克简单耐用，重达 36 吨。其改进款还配备了 85 毫米口径的坦克炮。

- 美国谢尔曼坦克（M4 中型坦克）是第二次世界大战期间西方同盟国军队使用的主战坦克。该坦克重达 33 吨，配备 75 毫米口径的坦克炮。

- 德国虎王重型坦克是第二次世界大战中最强的坦克。该坦克重达 69 吨，装备有 88 毫米口径的反坦克炮，其装甲钢板厚达 230 毫米。

"大屠杀"

纳粹德国在第二次世界大战中并未使用化学武器，但纳粹德国在执行阿道夫·希特勒（Adolf Hitler）的"最终方案"——"不良分子"灭绝计划中使用了毒气。在欧洲所有被纳粹德国占领的区域内，大批犹太人、吉卜赛人和残疾人惨遭有组织的屠杀。暂时幸免于难者中，有些被押往纳粹工厂成为劳奴，强制劳作直到累死、饿死，而更多人则被送往数个死亡集中营，例如波兰的奥斯威辛集中营，然后在集中营的毒气室被集体杀害。这场被称为"大屠杀"的迫害夺走了至少 1100 万人的生命，其中包括约 600 万名犹太人。

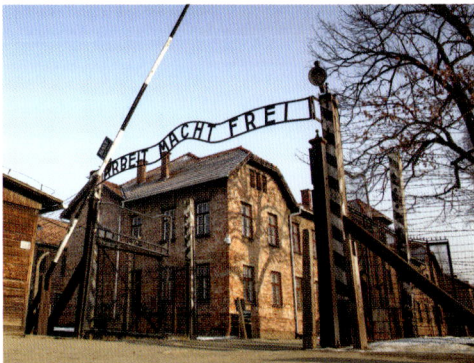

奥斯威辛集中营大门上有一句用德语写的欢迎"囚犯"的标语——劳动使人自由。但是，奥斯威辛集中营不是工厂，而是每天杀害上千人的魔窟。

现代战争

新式恐怖武器核弹的出现宣告了第二次世界大战的终结。从此之后，凭借迅猛发展的军事技术，人类可以摧毁地球上的任意角落。

1945 年 8 月初，美国向日本的广岛和长崎投放了原子弹，造成大量人员伤亡，城市被严重破坏，这直接促使日本投降和第二次世界大战结束。

英国物理学家欧内斯特·卢瑟福（Ernest Rutherford，1871—1937）发现原子是构成万物的基础，而原子实际上又是由几种更小的粒子构成的。这一发现奠定了核武器的研发基础。此外，卢瑟福还证明了有些元素的原子可以"分裂"成其他原子。这些发现的用途直到 1939 年才显现出来。当时，德国化学家奥托·哈恩（Otto Hahn，

1952 年，美国在太平洋上的埃内韦塔克环礁进行了世界上首颗氢弹的测试，产生了核爆炸特有的蘑菇云。

1879—1968）和弗里茨·斯特拉斯曼（Fritz Strassmann，1902—1980）成功分裂了铀原子，而这一核裂变反应释放了大量能量，正如德国物理学家阿尔伯特·爱因斯坦（Albert Einstein，1879—1955）所预测的一样。如果提升这种反应的规模，那么无疑将产生巨大的爆炸。纳粹德国从未高度重视核武器的研究，但美国实施了研制原子弹的曼哈顿计划。该计划由罗伯特·奥本海默（Robert Oppenheimer，1904—1967）领导，美国和欧洲许多核物理先驱参与。1945 年 7 月，他们终于制造出了世界上首颗原子弹。最初，只有美国拥有原子弹，但 1949 年，苏联也成功研制出了原子弹。

氢弹头

热核炸弹的弹头有多种设计，比如下图中的弹头是利用热核反应爆炸的。首先，裂变装置本身就是一颗小型核弹，裂变后发生第一次爆炸，所产生的高温导致氘化锂释放出放射性氢原子。氢原子聚合，释放出巨大能量，产生第二次爆炸，继而引起铀外壳爆炸，即第三次爆炸。

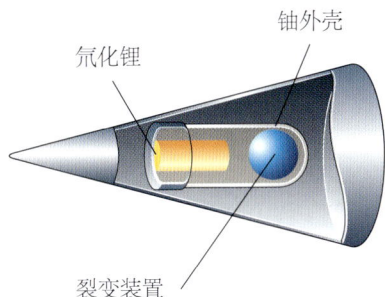

氘化锂
铀外壳
裂变装置

氢弹

1941年，曼哈顿计划的两位成员——美国物理学家恩利克·费米（Enrico Fermi，1901−1954）和爱德华·泰勒（Edward Teller，1908−2003）发现，原子弹爆炸的能量可能会引发更强烈的核反应，即氘原子（氢的一种稀有同位素）聚合。1949年，当苏联研制出自己的原子弹时，美国决定制造氢弹。单颗氢弹的爆炸当量相当于数百万吨TNT。

信息战

20世纪30年代，为破解德国恩尼格玛密码机的密码，波兰科学家研发了第一台军用计算机。受此机器成功研发的影响，由艾伦·图灵（Alan Turing，1912−1954）领导的英国科学家和工程师研发团队于1943年制造了一台功能更强大的计算机。这台名为

曼哈顿计划

"小男孩"铀弹

"铀楔"撞击较大的"铀靶"（另一块核装药），达到反应的临界质量，引发爆炸。

雷达测量原子弹的下落高度，保证其在地面以上的某一高度爆炸。

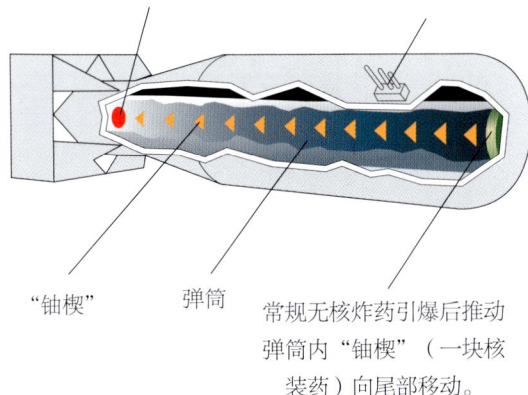

"铀楔"
弹筒
常规无核炸药引爆后推动弹筒内"铀楔"（一块核装药）向尾部移动。

"胖子"钚弹

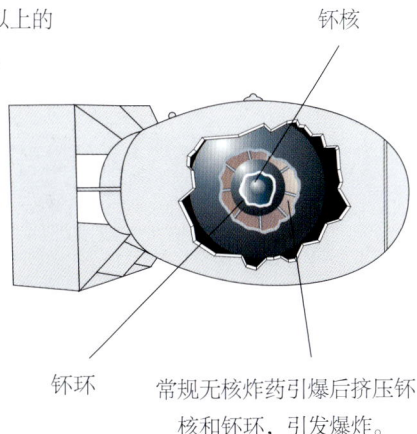

钚核
钚环
常规无核炸药引爆后挤压钚核和钚环，引发爆炸。

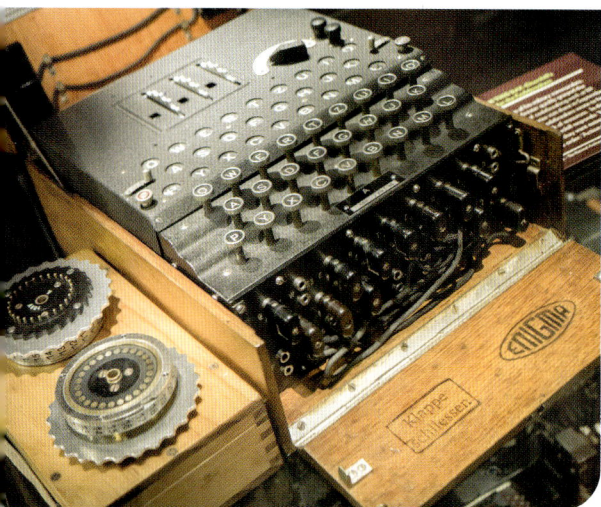

恩尼格玛密码机的加密方式如下：在键盘上按下一个明文字母，键盘上方背光字母盘上的另一个字母就会亮起；输入一组明文字母后，便可得到一组加密的字母。该加密系统由机器内部的转子装置控制，可以设置出17000多种不同的密码组合。

"巨人"（Colossus）的计算机在第二次世界大战期间成功破译了德军的情报。战后，大批大型军用计算机问世，且在内存和数据处理方面有了很大的提升，但这些机器体积庞大，运算能力有限。20世纪六七十年代出现的微型计算机，凭借快速准确的运算能力，在各种军事任务中发挥了重要作用。如今，计算机已成为导弹、雷达、大炮瞄准，以及军事通信的关键部件。

军事通信

在两次世界大战期间，军事通信是通过电报、电话和无线电进行的。战场上，对战双方经常相互窃听，但这仅限于短波通信。以往的指挥官一般只能大概获知本方部队在战场中的位置。体积微小、功能强大的计算机和数字传输技术的发明和应用，彻底改变了军事通信方式，大幅提升了军队信息

战术核武器

虽然最早一批核武器的爆炸力几乎趋向无限，但过大的体积和重量限制了它们的实战性。20世纪50年代，美国和苏联分别研制出了小型核弹，可由大炮发射或战斗机携带投放。这些针对敌方部队和坦克而非大量平民的核武器，被称为"战术核武器"。

美国空军的B-1轰炸机是专为携带核武器深入敌方领土的空军研发的战略轰炸机。该轰炸机可低空飞行，以避开敌方雷达系统。

传输、接收和处理的能力。每支部队的位置和情况都可以通过卫星传送给数百千米外的指挥官。

由于现代军事极度依赖通信，因此破坏敌方通信也成为一种有效的进攻手段。如今这种被称为"电子战"的作战方式包括发送电子信号干扰敌方雷达和无线电路。此外使用监测系统监控所有无线电波段，以收集敌方通信和部队位置的情报也很重要。为了

星球大战

为预防被核弹攻击，美国和苏联均努力开发反导防御系统。1983年，时任美国总统罗纳德·里根（Ronald Reagan）宣布了一项被称为"星球大战"的战略防御计划，欲在太空建立反导防御系统。该计划欲使用装载在卫星上的激光武器来拦截来袭导弹，但该计划的主要问题在于运算能力有限。指挥此类太空战所需的运算远远超出了当时甚至是可预见的未来计算机的能力范围。据估计，"星球大战"计划已花费约10000亿美元。

社会和发明

核武器

核武器的存在令完成工业化的西方各国惴惴不安。如果美国和苏联发射了各自的核武器，那地球上还有人类存活吗？也有人担心核战争很可能会由人为失误或计算机错误导致的悲剧事件所引发。

在欧洲，人们惧怕核武器的另一因素是美国计划将核战场部署在欧洲。1977年，美国国内讨论是否在欧洲部署中子弹，更加剧了这种担忧。中子弹通过提高高能中子辐射杀死敌方人员，从而减少爆炸和辐射尘。本质上，中子弹的设计目的就是在不损害建筑设施的前提下杀人。公众对中子弹的强烈敌意是该武器最终未被部署的重要因素。

20世纪80年代，众多科学家推测核战争会对环境产生恶劣影响，这使人们更加恐惧核战争。人们担心巨大的尘埃云会冲入大气，遮蔽阳光，使地球进入漫长的"核冬天"，导致所有动植物灭绝。

对抗这些技术，现代军事电信工程师使用难以破解的计算机加密消息。如今，这些技术已普遍应用于所有现代通信系统。

导弹

第二次世界大战末期，德国在导弹研发方面取得了重大进展，不但制造出了可打击320千米以外目标的V-2导弹，还测试了

军事卫星

早在1946年，美国就充分认识到了卫星的军事潜力，当时美国海军讨论了使用卫星控制导弹的可行性。但是，直到20世纪50年代中期，随着更为先进的火箭和电子设备的成功研发，军事卫星才真正得到部署。1961年1月，美国发射了代号为"萨莫斯2号"的首颗军事卫星。这颗卫星拍摄了苏联核导弹发射基地的照片。在整个20世纪60年代和70年代，美国和苏联不断发射军事卫星。这些卫星所拍摄的照片质量极高，微小细节清晰可见。现代军事卫星还能发送实时视频影像。

军事卫星在民用导航方面也有很大用途。原属于美国军方的全球定位系统拥有由数颗卫星组成的卫星网络，这些卫星不间断定位，将实时的时间及位置传回地球。该系统之后迅速被推广到民用领域，如今全球数十亿人依靠全球定位系统导航驾驶，或者定位查看各种信息。

球型雷达罩内，预警雷达从各个方向扫描天空，以寻找大型飞行物。

得益于过去20年来航拍技术的发展，地球表面的鸟瞰图已变得非常精细。

几种可射击敌机的地空导弹。第二次世界大战结束后，美国和苏联均利用被俘的德国科学家及他们掌握的技术，开始研制导弹。除军事用途外，用于导弹推进的火箭技术还被用于太空探索。

随着火箭发动机在设计和效率上稳步优化和提升，加之电子设备、传感器和电子计算机更新换代，导弹成为现代战场上的主导武器，并衍生出了巡航导弹。

地空导弹

最初，美国关注的是能够击毁敌机的地空导弹。1953年，美国开发出了第一枚地空导弹——"奈基-阿基克斯"防空导弹。该导弹体积庞大，移动不便，因此只能固定发射。借助一个强大的助推发动

巡航导弹

巡航导弹本质上就是一架装满烈性炸药的无人机。巡航导弹一般不采用真正的火箭发动机，而采用可持续燃烧数小时的喷气发动机。此外，它还拥有有助于飞行的短弹翼。作为世界上首枚巡航导弹，德国V-1导弹的飞行速度为560千米/时，射程为260千米，飞行高度为650~1000米。它的动力装置为一台小型喷气发动机，发动机前端吸入空气，经多级压缩，与燃料混合后燃烧，产生的高温燃气从后端喷射，从而推动导弹前进。V-1导弹通过尾翼上的升降舵和方向舵操纵，其自动飞行则依靠连接罗盘的陀螺仪导航，而陀螺仪在导弹发射前便已预先设定好了目标位置。飞行完预设距离后，V-1导弹放低尾部襟翼进行俯冲，然后关闭发动机，掉落至目标位置。

20世纪50年代，美国尝试制造巡航导弹，但始终研发不出精确的制导系统。到了20世纪70年代，随着微型计算机和电子设备的发展，人们得以为现代巡航导弹开发更为精准的新型制导系统。

机，该导弹加速直至飞行速度超过声速，之后一个小型支持火箭为导弹的飞行提供动力。导弹升空后，地面雷达波束就会追踪导弹和目标，并将信息发送至计算机，之后计算机发出指令，引导导弹进入撞击航线。1954年，苏联部署了自己的地空导弹SA-1。相比"奈基-阿基克斯"所用的制导系统，SA-1采用了更为通用的内部雷达制导系统。随后的几十年中，美国和苏联都开发出了体积更小、机动性更强、射程更远的地空导弹。

喷气发动机

短弹翼

防空导弹通过雷达瞄准，由计算机控制。发现敌机时，火箭发射器转向敌机，并在导弹发射前调整至合适角度。

弹道导弹

20世纪50年代，美国和苏联都准备依靠大型战略轰炸机在两国交战时袭击对方国土。不过，地空导弹的研发，使得轰炸机越发难以突破敌方的导弹防御系统。为解决这一难题，两国开发了携带核弹头的洲际弹道导弹。洲际弹道导弹类似将卫星送入轨道的多级火箭。该导弹发射上升至大气层外后，其弹头沿着预定轨迹飞行并下落回到地球，在距离发射场数千千米之外爆炸。洲际弹道导弹结合惯性制导、星光制导（根据天体在天空中的运行规律提供的信息确定导弹运动参数，将导弹引向目标）、雷达和全球定位系统实现制导命中。

生化战争

早在第一次世界大战期间，毒气就被用作进攻武器。20世纪30年代，德国开发了更多更致命的化学战剂，其中就有被称为"沙林"和"塔崩"的神经性毒剂（通过损害人的神经系统达到杀伤目的），但德军并未在第二次世界大战中使用这两种毒剂。战后，美国、英国和苏联纷纷将缴获的"沙林"和"塔崩"占为己有，雇用德国科学家，制造自己的化学武器。尽管在1968年化学武器就被认定为非法武器，但在此后爆发的几次战争中仍有它们的"身影"。生物战是利用细菌和病毒引起疾病，从而达到伤害人畜、毁坏农作物目的的作战方式。微生物学的发展使人们可以把包括炭疽和拉沙热在内的许多疾病化作武器。到目前为止，没有证据表明生物武器已真正被用于实战。

在实战中，即使是微量的生物武器也可能造成大量人员伤亡。

图为隐藏在地下发射井中的美国"民兵3号"洲际弹道导弹。该导弹由三级火箭推进。

苏联SS-9导弹是世界上首枚装配多弹头或多弹头重返大气层运载工具（MRV）的洲际弹道导弹。飞行期间，该导弹所携带的多枚小型弹头同时释放，彼此分散，打击同一目标。美国的"民兵计划"采用并发展了这项技术。"民兵1号""民兵2

"三叉戟Ⅱ型"潜射弹道导弹

美国和英国将该导弹部署在核潜艇上。导弹在水下发射，可携带多达12个弹头，射程超过12000千米。

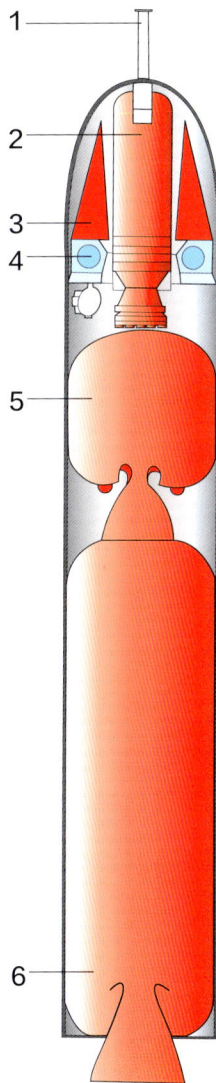

1 头锥顶部装有减阻杆，可减小导弹飞行中的空气阻力。

2 第三级火箭发动机将太空中的弹头推送至目标上方。

3 该导弹可携带12个分导式多弹头（MIRV）。

4 设备部分包含制导和瞄准系统。

5 第二级火箭发动机提供额外推力，将导弹送入太空。

6 第一级火箭发动机用于发射导弹。同第二级和第三级火箭发动机一样，该发动机由固体燃料提供动力。

常规导弹制导系统

1 无线电制导

导弹由发射员通过无线电波发送制导指令。

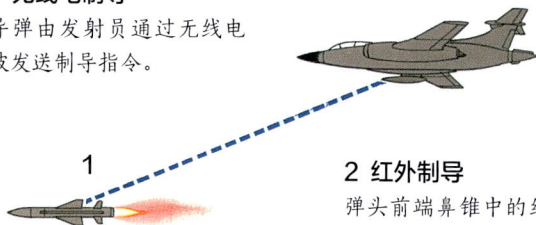

2 红外制导

弹头前端鼻锥中的红外探测器追踪目标发出的热量。由于喷气式飞机尾部会产生大量热量，因此红外制导导弹是这种飞机的天敌。

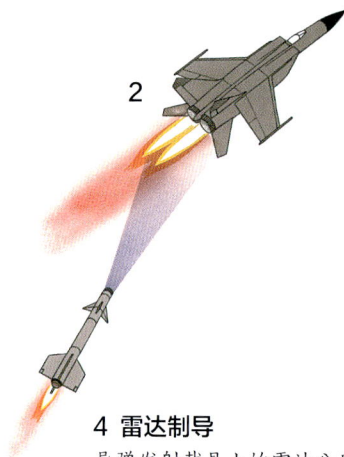

3 地形匹配制导

导弹雷达绘制其飞行下方的地形图，然后弹载计算机将此地形图与内存中预存地图进行比较，由此修正偏差，实现导航。

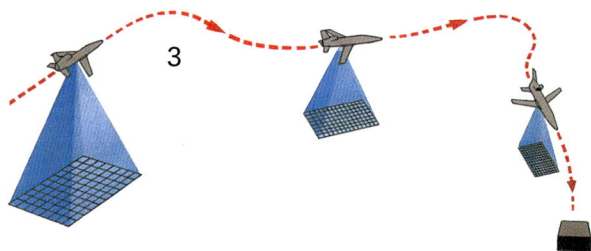

4 雷达制导

导弹发射载具上的雷达分别跟踪目标与导弹。计算机比较这两组数据后，通过无线电连接将导弹引向目标。

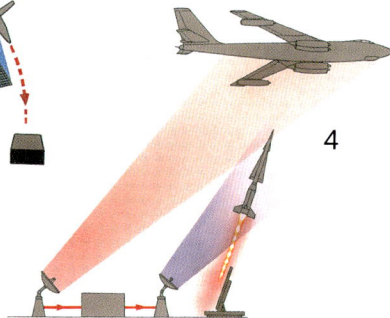

5 主动雷达制导

弹头前端鼻锥中的雷达追踪目标，再由弹载计算机控制导弹。

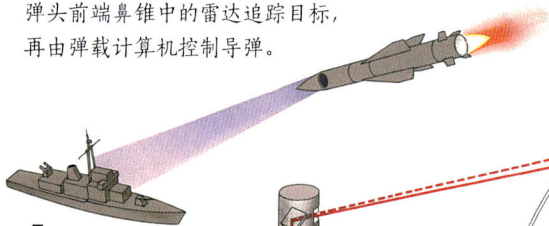

6 有线制导

导弹飞行时解开后端的细导线。发射员同时跟踪导弹和目标，通过细导线向导弹发送制导指令。

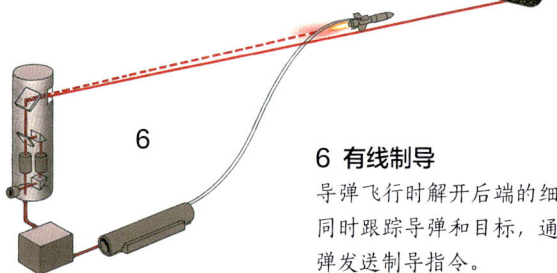

步兵使用计算机操控小型无人机，侦察山上敌人的活动。

号""民兵3号"洲际弹道导弹分别于1962年、1965年和1970年服役。"民兵"洲际弹道导弹携带多个分导式多弹头，各弹头可在空中调整，飞向不同目标，这意味着一枚洲际弹道导弹可以攻击数个目标。

反坦克导弹

为了击穿坦克装甲，反坦克导弹使用了20世纪30年代发明的锥形装药弹头。这种弹头击中坦克后，会引爆内部锥形薄金属盒内的炸药，产生极热的金属射流，从而击穿厚钢板。有些反坦克武器则使用高密度贫铀穿甲弹。

无人机与计算能力

越发频繁地使用无人机是现代战争进入21世纪后的重大突破之一。无人机（或无人驾驶飞机）可由数千千米外的操作员控制。无人机结合了全球定位系统技术（测算无人机位置）、现代计算机（高精度控制无人机飞行）和高效的现代无线电通信技术（保持操作员与无人机之间的联系）。战场上，士兵使用小型无人机进行短距离侦察。有些军队甚至会使用无人机"定点暗杀"敌方指挥官。作为战场中的新元素，无人机的使用意味着士兵不必近距离执行危险任务。

美军远程遥控飞机——"死神"无人机可击杀敌方指挥官。

海洋覆盖了地球表面的三分之二，自古以来深刻地影响着人类历史。海战科技见证了人类的聪明才智。

世界上第一批军舰为桨帆船，亦称"加莱船"（galley）。由于设计实用，桨帆船的使用历史已超过 2500 年。该船的动力源自帆和桨，分为单层和多层。在海战中，两侧的桨不仅方便船只灵活移动，而且为船上的主要武器"撞角"撞入敌船致其瘫痪提供了强大的冲力。

激光炮是海战中的有效武器。美国海军的 AN/SEQ-3 激光武器系统，既能使敌船瘫痪，也可将其摧毁。

在古代，桨帆船根据桨数或桨手数量命名。公元前 1100 年至公元前 800 年，腓尼基人建造并驾驶了最古老的军用桨帆船。由于该船单排共有 50 名桨手，因此它亦被称为"五十桨帆船"。这些小型桨帆船长达 15 米，可在短时间内保持 11 千米/时的速度航行。不过，这种船很快就被速度更快的古希腊桨帆船所取代，比如三层桨帆船，以

古希腊三层桨帆船

大约公元前500年，古希腊凭借其发明的三层桨帆船，一跃成为海上军事强国。该船一般长约46米，可载200名船员，其中有170名桨手，分列于船的上、中、下三层。担任桨手的并非奴隶，而是训练有素的船员。不同于后世舰船，三层桨帆船上的每个桨位只有一名桨手，这种设计可使相对狭小的船身空间容纳大量桨手，从而使船只的机动性更强、提速更快。

三层桨帆船可长时间保持11千米/时的速度航行，并可加速到22千米/时撞击敌船，威力巨大。人们常常把三层桨帆船描绘成一个接了船身的"撞角"。凭借"撞角"形状的船身，这种船能够以尽可能小的空间容纳尽可能多的桨手，为船只提供强大的动力。但是，舰身细长、顶部笨重的缺陷导致其船身不稳，故需装载石头压舱。船上的皮盾可保护桨手抵御敌方的投掷攻击。

根据计算机复原图，三层桨帆船长途航行时也会使用帆，但在战斗中则依靠桨。该船由船尾的大桨或右舷控制航向。

铜底船

18 世纪最重要的一种金属造船技术就是使用铜板包覆吃水线以下船体，因为所有木制帆船，尤其是在加勒比及东南亚温暖海域中航行的木制帆船，都面临着一个严重问题，那就是来自蛀船虫的侵害。这种虫会蛀蚀整个船体，缩短船的使用寿命。英国海军曾尝试多种方法，但都效果不佳。1708 年，他们想到使用铜板包覆船体的办法，但因成本原因，他们没有采用这一方法。迫于解决蛀船虫问题，英国海军在 1761 年制造了第一艘铜底巡洋舰"警钟号"。很快，该技术便被普遍用于军舰和商船制造。

19 世纪初，英国海军旗舰"胜利号"共装备了 104 门加农炮，大部分通过船舷炮眼发射。

及船体更大且速度更快的七层桨帆船（每支桨分配 3 ~ 4 名桨手）。后来古罗马人在桨帆船的设计基础上做了改进，他们在船上配备了投石器和末端带有鸟喙状重型铁钉的"乌鸦吊桥"。吊桥下落时铁钉刺入敌船的甲板，使得两船相互固定，方便本方士兵登船并俘获敌船。

火药时代

尽管到 18 世纪 90 年代，瑞典人和俄国人仍在海战中使用桨帆船，但 16 世纪以来，船上火药武器的广泛使用标志着桨帆船的时代开始落幕。在那个可利用火炮远距离轰击敌方的时代，桨帆船及近距离作战已经没有了未来。

包覆船体的铜板常因海水腐蚀而变绿。为了解决这一问题，人们在铜中加入了铁和锌。

风帆战列舰的历史可以追溯到 12 世纪的柯克船。它的制成得益于两项发明：船尾舵和吃水更深、更坚固的船体。前者使船在强风中灵活转向，而后者使船在汹涌的海面上更稳定地航行。16 世纪初期，全副武装的加莱船开始统治海面。1501 年，法国人发明了船舷炮门。这种类似舱门或窗口的开口，方便发射炮弹，恶劣天气时则被关闭。船舷炮门使得火炮可以部署在下层甲板，进而使得风帆战列舰可以装载更多大炮。

英国海盗商人约翰·霍金斯（John Hawkins，1532－1595）拆除了加莱船高高的艏楼和艉楼，改良出了一种更为稳固的船型，即早期的风帆战列舰。这种风帆战列舰可在甲板上部署数排加农炮，船舷一侧所有火炮一起射击（舷炮齐射）时，可对敌船造

康格里夫火箭

使用火箭炮击城市似乎是很现代的想法，但早在 1805 年，英国海军就已开始使用康格里夫火箭炮击港口。这种可飞越高墙和其他防御设施并引发大火的火箭由英国军官威廉·康格里夫爵士（William Congreve，1772－1828）研制。他在研发火箭时受到了 18 世纪 90 年代英军入侵印度时缴获的印度火箭的启发。康格里夫火箭由金属包裹，长达 1 米，重约 15 千克。

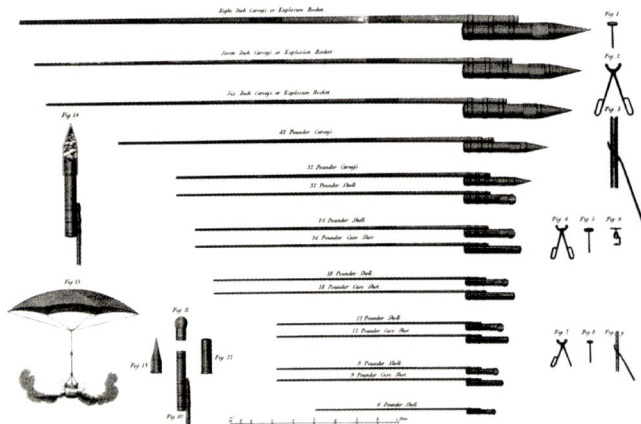

上图为各种型号的康格里夫火箭。为提高发射准确性，火箭被固定在长平衡杆上，有些平衡杆长达 4.5 米。

成最大伤害。直到19世纪中期，军舰建造一直都沿用这种设计。

蒸汽与钢铁

    19世纪，工业的发展彻底改变了军舰的设计。1783年，法国工程师茹弗鲁瓦·达邦侯爵（Marquis de Jouffroy d'Albans，1751－1832）建造了由蒸汽动力驱动、船尾桨叶推进的蒸汽船"派罗斯卡夫号"。其他设计师很快就借鉴了他的设计，但他们设计

上图为1864年英国海军的蒸汽铁甲舰"勇士号"（右侧）与一艘木质战列舰（左侧），前者使用风帆提供辅助动力。

建造的蒸汽船均不适合在汹涌的开阔海面上航行。第一艘蒸汽军舰由美国工程师罗伯特·富尔顿（Robert Fulton，1765－1815）于1813年设计。然而，这艘军舰的明轮桨叶容易受到敌方炮火的攻击。之后的军舰改由螺旋桨推进。直到19世纪70年代，蒸汽船仍使用帆力作为辅助动力。

影响海战的另一大发明是铁制船体及后来的钢制船体。早在16世纪90年代，军舰设计师就曾考虑使用铁板保护木制船体甲板。1860年，英国人实现了这种设想。英国海军"勇士号"军舰是世界上第一艘全铁制船体军舰。该舰长达145米，其甲板上装有48门滑膛炮，速度为26千米/时。

1862年，美国造船工程师约翰·埃里克森（John Ericsson，1803－1889）为军舰研发做出了重要贡献。他设计的"莫尼特号"装甲炮舰彻底改变了军舰的火炮攻击方式。该舰的火炮部署在甲板上的旋转炮塔中，这样火炮不仅可以射击侧方目标，也能朝前方和后方射击。

1871年，英国海军工程师爱德华·里德（Edward Reed，1830－1906）设计出了第一艘真正意义上的现代军舰——"蹂躏号"铁甲舰。该舰排水量高达12700吨，采用蒸汽动力和钢制船体，炮塔中还部署有300毫米口径的强力火炮。20世纪初期，军舰的排水量越来越大，其中排水量最大的是日本战列舰"大和号"。但第二次世界大战

"光荣号"

1859年，法国建造了第一艘木制船体、外覆铁甲的"光荣号"战舰。这种添加了防护铁甲的护卫舰被称为铁甲舰。"光荣号"由法国著名海军工程师迪皮伊·德·洛梅（Dupuy de Lôme）设计，其铁甲覆盖层厚约12厘米，从吃水线以下约2米处延伸到上甲板。

螺旋桨

尽管约翰·埃里克森在1836年发明了螺旋桨，并于1843年将其安装到了美国军舰"普林斯顿号"上，但各国海军并不愿采用这一推进装置。有人认为，尽管它不像桨轮那样易受攻击，但动力不足。这一疑虑最终在1845年以一种戏剧性的方式被打消了。英国海军将明轮舰"阿勒克图号"和螺旋桨舰"响尾蛇号"系住，来了一场海上拔河，以比试马力。1845年4月3日，比赛在北海举行。最初两舰各自增加马力，但两者几乎纹丝不动。之后，"响尾蛇号"开始缓慢向前，之后不断加快速度，最后直接拖曳排水量815吨的"阿勒克图号"移动。螺旋桨的强大动力和优越性再无争议。

英国海军1845年的海上"拔河"证明，黄铜螺旋桨远优于桨轮。

证明，这些重吨位军舰难以招架航母舰载机投放炸弹或鱼雷等新型进攻手段。

航母时代

1910年11月14日，尤金·B.伊利（Eugene B. Ely）驾驶飞机从美国"伯明翰号"战舰上起飞，这是人类首次驾驶飞机从军舰上起飞。次年，伊利又成为首位驾驶飞机降落在军舰上的飞行员。最初用作航母的只是简单改装后具有平坦后甲板的军舰。英国海军"百眼巨人号"于1918年服役。该舰具有全通式飞行甲板，因此成为第一艘现代航母。随后数年间，英国海军在航母技术设计方面保持着世界领先地位。

社会和发明

铁甲舰之战

1862年，两艘铁甲舰在汉普顿锚地海战中首次交锋。这场美国内战中最重要的海战发生在美国弗吉尼亚州的一条宽阔水道上。南方军舰"弗吉尼亚号"装有12门火炮，从船舷炮门发射，而且在之前的战斗中，它已经证明自己优于任何一艘北方木制军舰。北方军舰"莫尼特号"只有两门火炮，部署在旋转炮塔中。两艘铁甲舰激战了两天，均无法击沉对方，最终以平局结束战斗。

尽管火炮数量处于劣势，但"莫尼特号"（中）依靠其旋转炮塔，仍可在火力上匹敌"弗吉尼亚号"（左）。在之后几十年内，几乎所有新型战列舰的主炮都采用了类似的旋转炮塔。从这些炮塔中精确发射炮弹成为海军训练的重要组成部分。

"无畏号"

1906年，英国海军"无畏号"战列舰的问世被证明是战列舰设计史上的分水岭。该舰影响力之大，以至于战列舰设计史被划分为两个时代：前"无畏号"时代与后"无畏号"时代。"无畏号"不仅是世界上第一艘由蒸汽涡轮发动机推进的军舰，而且是第一艘全主炮军舰。战列舰以往既装备一排大口径主炮，还有数排小口径副炮辅助。"无畏号"的主武器是统一口径火炮，即5座炮塔中的10门305毫米口径火炮。右图展示的是1914年正式服役的美国海军战列舰"得克萨斯号"（现在成为美国休斯敦附近的一座水上浮动博物馆）。该舰是一艘"超无畏级"战列舰，在5座双炮塔中装备有10门356毫米口径火炮，还拥有16门127毫米口径小型火炮。

为了协助飞机着舰，人们在航母起降甲板上放置了成排拦阻索，用来钩住飞机尾部拖下的尾钩，以防止飞机从甲板上滑出掉入大海。1920年，英国"鹰号"是第一艘将舰桥和烟囱设置在飞行甲板同一侧的航空母舰，这种设计为飞机着舰留出了更多空间。1951年，随着重型喷气式战斗机开始服役，英国人发明了航母舰载蒸汽弹射器，通过提供额外动力辅助喷气式战斗机起飞。1961年，美国第一艘核动力航母、排水量76000吨的"企业号"开始服役。美国最新的杰拉德·R.福特级超级航母不再使用蒸汽弹射器，而采用电磁弹射方式发射飞机。

水下武器

军事技术的发展使得交战双方既可

相关信息

- 日本在第二次世界大战期间制造的"大和号"是有史以来最重的战列舰。该舰排水量超过72000吨，长达263米，舰员编制为2500人。"大和号"火力强大，装备了3座三联装94式45倍径460毫米口径舰炮，以及各种副炮和对空机关炮。其装甲理论上可承受从3000米高空投下的1吨重炸弹。1945年4月7日，"大和号"被美军飞机击沉。

- 1980年1月25日，美国攻击型气垫船SES-100B创下了军舰最快航行速度，达到了170千米/时。

在海面上交锋，也能在海底开战。1775年，美国发明家戴维·布什内尔（David Bushnell，1742–1824）发明了水下炸药——水雷。1866年，英国人罗伯特·怀特黑德（Robert Whitehead，1823–1905）和奥地利人乔瓦尼·卢俾士（Giovanni Luppis，1813–1875）共同研制了鱼雷。这种水下"导弹"，长约4米，由压缩空气推进，可以11千米/时的速度航行640米。

鱼雷虽在第一次世界大战中被广泛使用，但由于自身技术问题，这种水下武器并不可靠。20世纪30年代，日本人克服了相关技术难题，发明了九三式氧气鱼雷（或称"长矛鱼雷"），速度可达91千米/时，射程18千米。现代的鱼雷装载了电子制导系统。

最危险的水下武器当属潜艇。1578年，英国人威廉·伯恩（William Bourne）

"海龟号"

美国发明家戴维·布什内尔研制出了世界上第一艘军用潜艇"海龟号"。早在1771年，当时还是耶鲁大学一年级新生的他就开始了该潜艇的设计工作，而美国独立战争（1775–1783）的爆发为布什内尔提供了将其付诸实践的机会。1775年，他研制出了由单人手动驾驶的螺旋桨潜艇——"海龟号"。"海龟号"的驾驶员不但要控制潜艇方向，还需调整压载水舱内的进出水量，以便潜艇下潜、上浮。作战方面，"海龟号"的最初计划是潜行到英国军舰底板下钻孔，再系上火药桶，然后退至安全距离等待军舰爆炸。但令布什内尔感到失望的是，"海龟号"的实战并未成功。当时，"海龟号"前去袭击英国军舰"鹰号"，但无法系上火药桶，最终火药桶虽然爆炸了，但没能破坏"鹰号"的舰体。

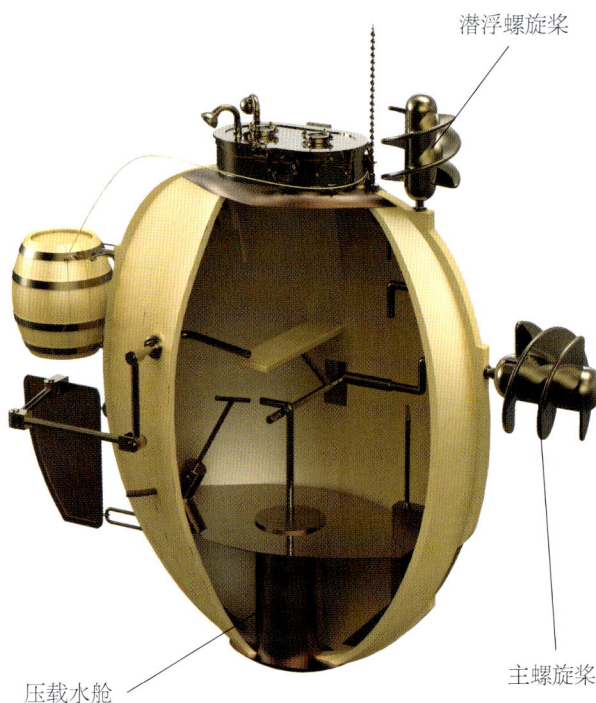

潜浮螺旋桨

主螺旋桨

压载水舱

"海龟号"的艇体是一个大木桶，顶部有一个黄铜观察舱。驾驶员通过艇内水泵将水压入压载水舱，使得潜艇下沉，然后转动潜浮螺旋桨，使潜艇继续下潜。

这是第二次世界大战后的一艘潜艇。艇艏具有4个鱼雷发射管。潜艇使用可调式升降舵在水下调整航行方向。上升至海面时，艇长可通过指挥塔指挥潜艇。

指挥塔

鱼雷发射管

升降舵

超级航母

航母是当今最大军舰。美国海军的杰拉德·R.福特级航母属于超级航母，编制乘员超过4000人，可舰载超过75架飞机。

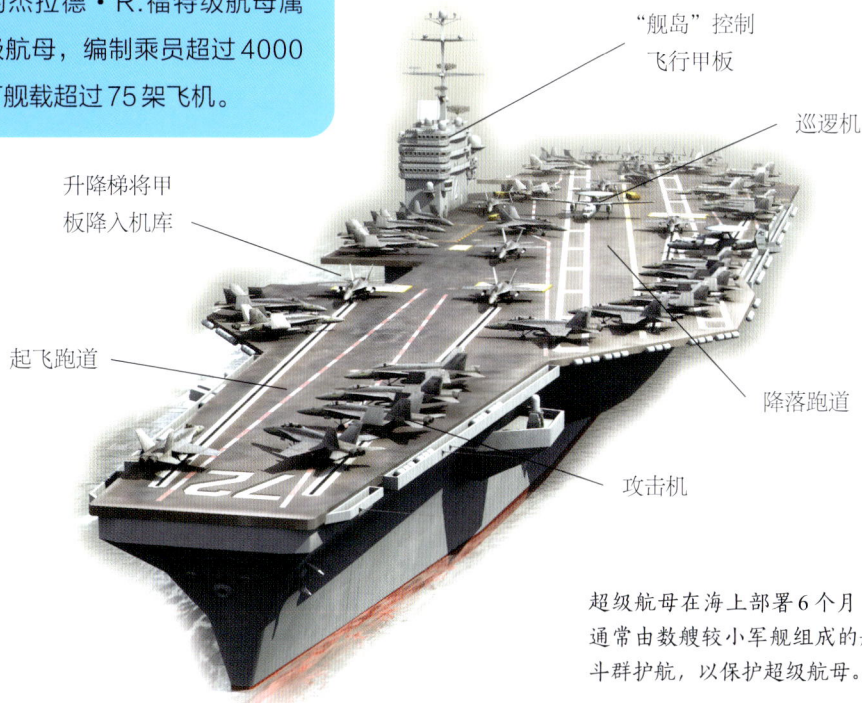

"舰岛"控制飞行甲板

巡逻机

升降梯将甲板降入机库

起飞跑道

降落跑道

攻击机

超级航母在海上部署6个月，其间通常由数艘较小军舰组成的航母战斗群护航，以保护超级航母。

鱼雷通过水密发射管发射。鱼雷装载完成后，后舱盖关闭，前舱盖打开，海水注入发射管，准备发射鱼雷。

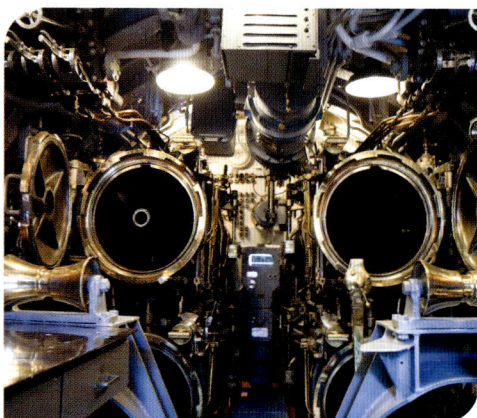

首次提出了这一概念。1620年，荷兰人威廉·范·德雷布尔（William van Drebble）在泰晤士河上建造了第一艘潜艇。1776年，戴维·布什内尔的"海龟号"成为世界上第一艘投入实战的军用潜艇。

　　19世纪80年代，鱼雷、电动机及燃料

核动力潜艇

　　由压水反应堆驱动的核潜艇，理论上可在水下无限续航。在压水反应装置中，核反应堆产生热能加热一回路的水，增压器在这一过程中加压以防其沸腾，这反过来也会加热蒸汽锅炉，标志着二回路的开始。一回路高温高压水进入蒸汽锅炉

的U型管内，将管壁外蒸汽锅炉中的冷却水加热使其蒸发，从而膨胀做功驱动涡轮机，而涡轮机直接连接着潜艇的螺旋桨。然后，做完功的蒸汽通过数个冷凝器凝结成水后，流回蒸汽锅炉，整个过程重新开始。

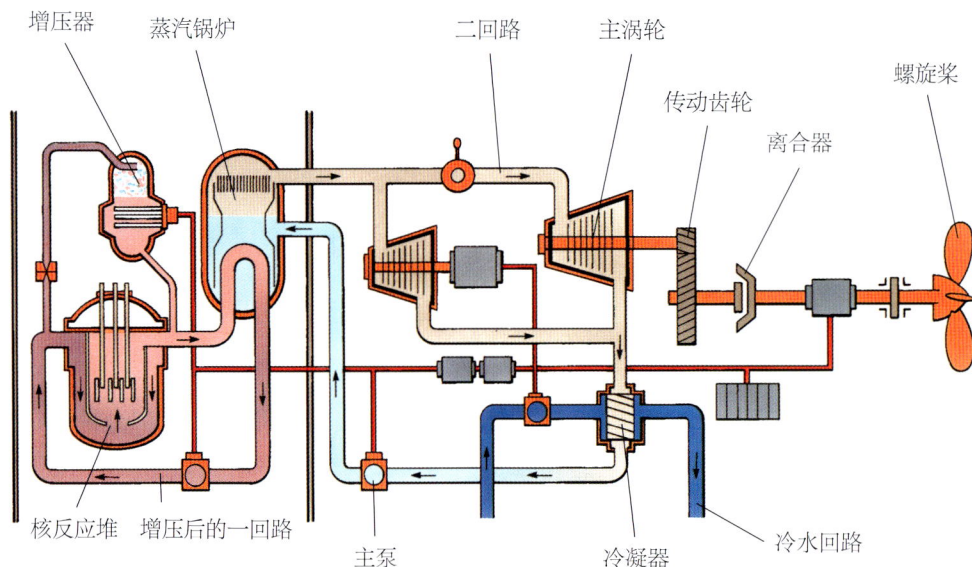

社会和发明

核潜艇时代

20世纪下半叶，采用核动力、装备核武器的潜艇问世，其所产生的巨大影响已远远超出海战领域。新型核潜艇几乎可在水下无限续航（直到食物消耗完），而且很难被发现。核潜艇按照任务与武器装备的不同，可以分成几类：攻击型核潜艇、弹道导弹核潜艇、巡航导弹核潜艇、实验用途核潜艇。

核潜艇

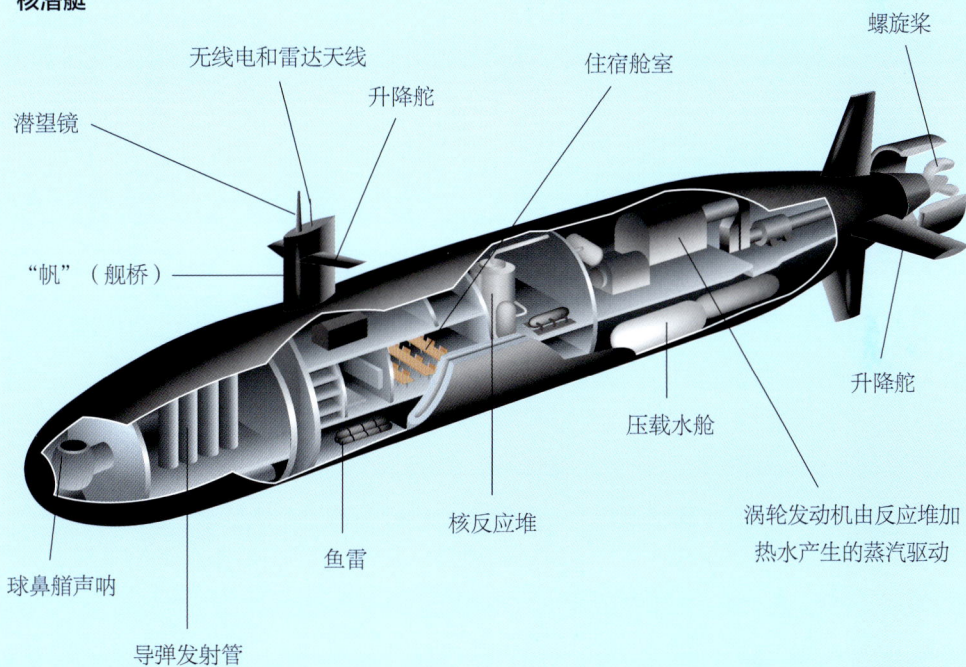

- 无线电和雷达天线
- 潜望镜
- 升降舵
- 住宿舱室
- 螺旋桨
- "帆"（舰桥）
- 升降舵
- 球鼻艏声呐
- 导弹发射管
- 鱼雷
- 核反应堆
- 压载水舱
- 涡轮发动机由反应堆加热水产生的蒸汽驱动

发动机的发明为潜艇提供了武器和高效的动力系统。不过，潜艇必须浮出水面，才能给作为潜艇水下动力源的蓄电池充电。

1955年，人们建造了第一艘核潜艇"鹦鹉螺号"。"鹦鹉螺号"凭借核动力可在水下潜行至世界各地。20世纪60年代，核潜艇装配了核弹道导弹，可攻击数千千米外的城市，这使得本就难以被侦察到的潜艇更具威胁性。

锁和钥匙

几个世纪以来，出于保护自身财产的需要，人们发明了锁和钥匙、金库和电子密码等各种安保装置与技术。

目前已知最古老的锁之一是在伊拉克豪尔萨巴德宫殿遗迹中发现的全木制锁，距今可能已有4000多年。这种借助木栓锁门的上锁结构被称为"弹子锁"。木栓上钻有几个小孔，门中装有弹子对应下方小孔。木栓插入门中时，弹子掉入小孔中，将木栓与门锁定。它的钥匙则是一根大木棒，上面有匹配木栓小孔的直立栓钉。将钥匙插入木栓后，栓钉会将弹子从木栓中顶出，从而打开锁。这种锁现在在北非和中东部分地区仍被使用。众多锁具的基本原理均源自其落销设计，比如著名的耶鲁锁。

除锁和钥匙外，城堡还需要更加强有力的安保措施。许多城堡的大门都用吊闸保护。吊闸是一种巨大的铁栅栏，抬起吊闸放人进城，放下吊闸则可防不速之客进入。

相关信息

- 插芯门锁。这种锁需紧紧地嵌入门中，安装在沉重的门中时尤为牢靠。
- 外装门锁。这种锁的锁体安装在门挺表面。
- 球形门锁。这种锁是门把手的一部分，其锁孔位于球形把手中。

在一幢建筑中，通常一把钥匙配一把锁，这些钥匙被放在一个钥匙圈上。管理员有时配有万能钥匙，可打开建筑物中的所有锁。

古希腊锁

古希腊人是最早使用金属钥匙的人，但他们的锁没有老式弹子锁那般复杂。古希腊锁需要使用铁制L形钥匙来移动插销。由于没有任何加密设置，这种锁几乎没有安全性。只要能制作出尺寸合适的铁制L型钥匙，任何人都可以开锁。

古罗马锁

古罗马锁是历史上第一款全金属锁。古罗马人一般用铁制锁、青铜制钥匙，并且发明了形状复杂、相互匹配的锁孔凸槽和钥匙凹槽。插入锁孔后，钥匙围绕孔内凸槽转动插销。不过，这种暗锁（或称"凸块锁"）比较容易被撬开，只要制作出可绕过锁孔凸槽的特殊钥匙，哪怕不完全匹配，也可以成功开锁。

中世纪锁

在中世纪，制锁工艺多种多样，但制锁的核心技术没有变化。真锁眼往往隐藏

哈利·胡迪尼

史上最伟大的脱逃大师或许当属美国魔术师哈利·胡迪尼（Harry Houdini，1874－1926）。胡迪尼擅长在数千人面前展现其惊人的脱逃表演。表演时，他全身被金属链捆住并被关在木箱中，之后连人带箱一同被放入水中。他只有几分钟时间挣脱，否则就会被淹死。除擅长解锁外，胡迪尼的脱逃表演还依靠其敏捷的身手和魔术戏法。

在这张1899年的宣传照中，胡迪尼正准备从锁链中脱逃。

上图为中世纪教会门上的一把简单锁。其门闩呈钩状，人可从门内外旋转门闩末端，开关大门，而较大的插销只能用于内部锁门。

在隐蔽的百叶窗后，假锁眼则常被刻在门上以迷惑小偷。不过，这种锁的安保性仍然取决于复杂的锁孔凸槽。17世纪，人们发明了字母锁。这种锁的锁体内有心轴，上面连有多个刻有字母或数字的转轮，依次拨动转轮组成特定数字或单词时，转轮内部凹槽对齐，便可以拉出插栓。

早期现代锁

18世纪，锁具设计迎来了真正的革新。1778年，英国锁匠罗伯特·巴伦（Robert Barron）申请了双弹子锁专利。弹子是落入插槽中的锁簧杆，它必须被抬升到设定高度，否则无法移动。插入配对的钥匙后，弹子被抬升。转动钥匙，插栓便可滑出。由于该锁有两个弹子，所以钥匙必须把两个弹子抬升至各自不同的高度，才能滑动插栓。如今，所有的杠杆锁采用的都是这种设计原理，但撬锁老手仍能撬开巴伦锁。

1784年，英国工程师约瑟夫·布拉玛（Joseph Bramah，1748—1814）为一种新锁申请了专利。这种锁的钥匙很小，但其安全性当时无出其右。为生产这种锁，布拉玛制造了齿轮车床。这种车床是人类历史上为批量生产而设计制造的首批金属加工机械之一。虽然造价昂贵，但是布拉玛对自己发明的锁的安全性深信不疑。为此，他开出210英镑的奖金（这在当时可算是一笔巨款），奖励首位成功撬锁者。这项挑战一直持续了67年，直到美国锁匠A. C. 霍布斯（A. C. Hobbs）成功开锁。霍布斯虽获得了奖励，但是这次开锁花费了他足足50多个小时！

布拉玛锁

布拉玛在1784年发明的锁所配套的钥匙为圆柱形，钥匙周身切出不同长度的纵向凹槽。插入锁中时，钥匙将根据不同长度的凹槽，把锁芯内部被称为叶片的装置压入特定深度，只有当所有叶片都被压入合适深度时，开锁者才能转动钥匙并拔出插栓。布拉玛锁的上锁机制类似于现代自行车的D型锁的上锁机制。

耶鲁锁

19世纪中期，锁业蓬勃发展。美国和欧洲各国经济的快速发展拉动了对锁具的巨大需求。人们为数百种新锁申请了专利，但这些锁大多是原有设计的改良款。1848年，莱纳斯·耶鲁（Linus Yale，1821—1868）根据古老的弹子锁原理发明了一种销形锁，并为其申请专利。19世纪60年代，他又设计出了耶鲁圆柱锁。这种锁配有我们现在熟知的锯齿形钥匙，钥匙插入后可将插销抬升到合适高度，从而松开并旋转锁芯。

定时锁

19世纪70年代，新一轮犯罪浪潮席卷了整个美国。持枪劫匪冲入银行，强迫收银员打开保险箱。为解决这个问题，美国锁匠

挂锁

挂锁是一种活动锁，其锁壳上带有被称为"锁梁"的铰链或轴链，可将两个物体锁在一起。上锁结构位于钢制锁壳内。上锁时，只需将锁梁按入锁壳孔中，锁舌插入锁梁末端的插槽中，完成固定便可。挂锁可使用密码或钥匙来松开锁杆开锁。

密码锁

密码锁以17世纪发明的字母锁为基础，主要部件包括中间心轴及与其相连的多个凸轮。输入正确的组合密码后，凸轮内部凹口对齐，便可拉出插栓。带有4个拨码盘且每个拨码盘有100个数字的密码锁，可生成多达1亿种不同的密码。由于存在多种密码组合并且没有可放置炸药的钥匙孔，因此密码锁成为19世纪保护保险箱和保险库的最佳选择。此外，这种锁还可以轻松更改密码。一些小偷会通过使用听诊器听取凸轮对齐时的声音来套取密码。

在1873年制造了第一把定时锁。由于内置时钟，该锁只能在预设的时间被打开，所以暴力威胁收银员也无济于事。

当代的锁和钥匙

第二次世界大战之后，炸药知识开始广泛传播。由于锁越来越难撬开，小偷往往无视门锁，选择直接炸开银行保险库或保险箱。

人们为锁具增添了许多奇怪的设计。有些锁具可防爆；有些锁具可刺伤或抓住小偷；有些锁具必须用一把钥匙上锁，用另一把钥匙开锁。尽管当今锁的设计五花八门且各有特点，但其基本类型仍是暗锁、杠杆锁

现代汽车的钥匙不需要插入锁中。车主按下钥匙上的开关，向汽车发送无线信号，激活车门电磁锁，便可打开车门。

金库

美国纽约联邦储备银行地下的金库中拥有价值860亿美元的黄金储备。因此，这个金库必须绝对安全。这个三层金库由钢筋混凝土制成，位于街道下方27米处的曼哈顿岛基岩上。金库没有设置大门，只有一个由127吨钢筋混凝土框架及其垂直内嵌的80吨旋转钢筒所组成的入口。穿过旋转钢筒，便可看到一条3米长的通道，通过通道才能进入金库。钢筒底部略呈锥形，因此关闭入口时，钢筒会旋转90°并下降嵌入框架中，如同软木塞转进瓶口。最后再将8颗巨大螺栓插入钢筒，加以固定。银行职员需解开多个定时锁和密码锁后方可打开金库，但没人知道所有的密码。此外，金库还有持枪警卫和电子监视系统。至今无人尝试盗取此处的黄金。

金库四周的墙壁非常厚实，根本无法被凿穿。

不同类型的锁

1 暗锁。暗锁的上锁机制依赖专门匹配的锁孔凸槽和钥匙凹槽。配对的钥匙插入锁孔后，钥匙滑入凸槽中，旋转后便可拉动插销。

2 耶鲁锁。耶鲁锁的上锁原理等同于弹子锁。各弹子被截为长度各异的两个部分。匹配的扁平钥匙插入后，钥匙上的凹槽将每个弹子抬升到特定高度，弹子两部分间的截断切线与锁芯切线对齐，此时钥匙便可旋转锁芯，松开插销。

3 密码锁。密码锁由心轴及与其相连的多个凸轮组成。每个凸轮的外缘有一个凹口，里面则有一个凸齿。旋转拨码盘旋钮时，传动销与心轴上的传动片接合，转动第一个凸轮上的凸齿，进而接合并转动第二个凸轮上的凸轮。通过这一机制，各凸轮相互连接。以拨码盘上数字为参考，旋钮顺时针和逆时针旋转特定圈数后，对齐所有凸轮凹口，从而拉动插销。

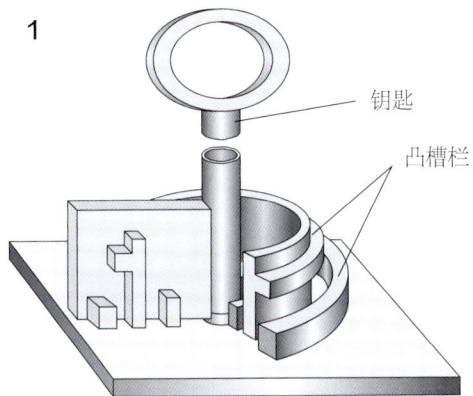

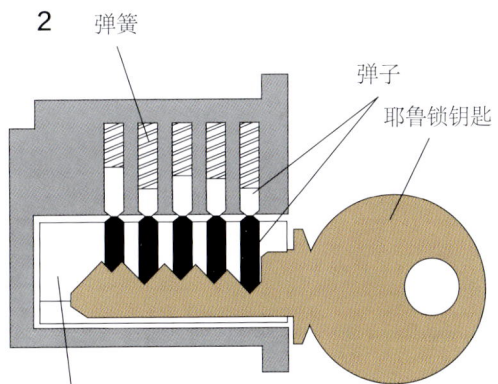

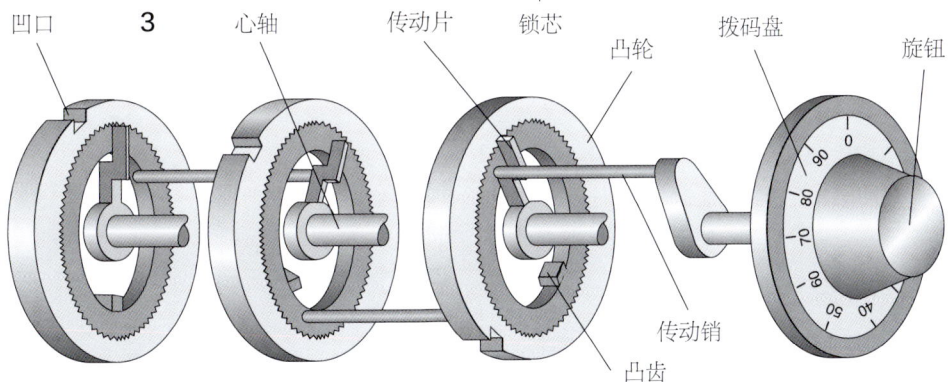

1

钥匙

凸槽栏

2 弹簧

弹子

耶鲁锁钥匙

锁芯

凹口　3　心轴　传动片　凸轮　拨码盘　旋钮

传动销

凸齿

宾馆房间经常使用内嵌微型芯片的磁卡钥匙。芯片经编程后，可打开某个房间的锁。如果房客丢失了磁卡钥匙，则可对另一张磁卡钥匙进行编程，从而打开房间。

和弹子锁。

　　在办公室、学校和监狱等拥有多种不同锁的建筑中，拥有一把可以打开所有锁的万能钥匙非常关键。万能钥匙的齿形可以匹配所有锁的凸槽，或者在锁上设置两个钥匙孔，分别匹配普通钥匙和万能钥匙。此外，也可以在某些锁上装设两组弹子或杠杆。如果是耶鲁锁，则可装上两个同心锁芯，一个锁芯位于另一个锁芯中。

　　与其他大多数技术一样，锁如今也已数字化。人们不再对钥匙进行物理加密，而是对钥匙卡进行磁性加密或数字编码。有些锁甚至可以识别视网膜或指纹。美国核导弹发射系统上使用的锁是安保等级最高的一种锁。该锁必须由两名发射员将不同钥匙插入远在宽大控制台两端的钥匙孔中，并且同时转动钥匙，才能启动发射系统。由于控制台十分宽大，因此，即使一个发射员意图压倒

束缚装置

　　手铐也是一种锁。手铐张开的金属扇梁上有一排齿轮，可以推入铐体内，与内部的弹簧齿轮相扣，直到铐环紧紧锁住手腕。只有插入匹配钥匙，扇梁才能松开。如今人们发明了不带锁的一次性手铐。它由强韧的尼龙制成，只能完全剪断才能打开。这些轻巧的束缚装置尤其适合警察应对骚乱等聚众警情。

另一个发射员，他也无法发射导弹。因为一个发射员伸手够不到两端钥匙孔，更不用说压住别人的手，再同时转动钥匙。设计锁与破解锁之间的竞争见证了人类技术飞速发展的历程。

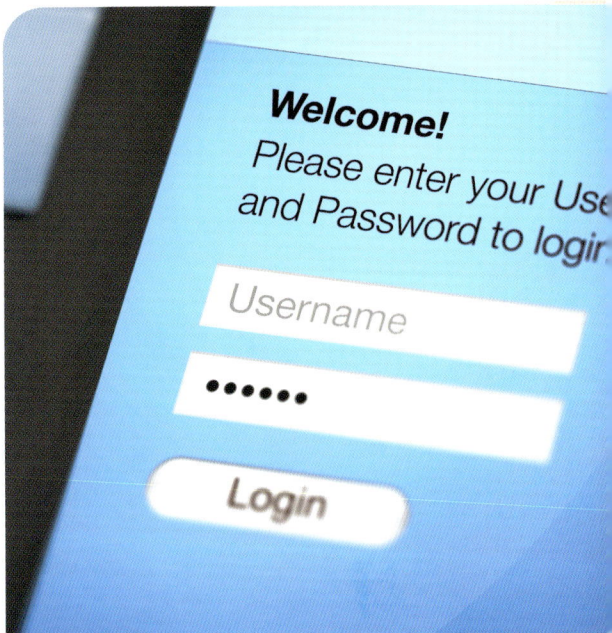

计算机安全设置要求用户输入密码，以防止不速之客进入系统。然而，密码不是新生事物，古罗马卫兵就曾要求每位访客报出当天的"通行口令"。

无法破解的锁？

通过测量人体特定生物特征，就有可能准确无误地识别某人，这便是生物识别技术。生物识别包括指纹识别、语音识别和虹膜识别等。由于每个人视网膜上的血管分布各不相同，因此利用激光扫描视网膜便可成为一种可靠的生物识别锁。生物识别锁利用计算机识别进入者的视网膜。由于不存在实体钥匙落入不怀好意者之手的可能，因此生物识别锁是当前安全性最高的锁之一。

视网膜生物特征识别扫描仪给视网膜拍照后，会寻找内存中匹配的视网膜原型。

时间线

公元前 40 万年　欧洲尼安德特人制造了原始的木矛武器。

公元前 4 万年　北非发明了用来投掷梭镖的投标器。

公元前 2.3 万年　欧洲和非洲地区的古人类开始使用投掷棍。投掷棍类似于澳大利亚原住民使用的回旋镖。不过，大多数投掷棍不会飞回到投掷者手中。

公元前 2 万年　最古老的箭头出现了，但这一时期的弓尚不为人所知。

公元前 8000 年左右　燧石在欧洲被用于制造早期武器的锋刃。

公元前 3500 年　人们已经开始使用青铜，并为木撬添加了轮子，制造了推车。

公元前 3000 年　北亚人发明了复合弓。这种武器虽然小巧，但威力强大。

公元前 2000 年　第一把锁被发明出来。

公元前 1500 年　大规模冶炼首次出现。古埃及人将小块青铜镶嵌在皮革上来制作盔甲。

公元前 500 年　中国研制出了大型抛石机。大约同一时间，古希腊发明了弩炮。

11 世纪　中国古籍记载的已知最早的火药配方出现于此时。

12 世纪初　北欧建造了第一艘真正意义上的风帆战列舰——柯克船。

15 世纪初　金属枪首先出现在中国和印度，之后传到欧洲。

1415 年　长弓彻底改变了欧洲战争的胜负。

1501 年　人们发明了船舷炮门，方便炮弹从舰船下层甲板上发射。

1776 年　第一艘军用潜艇"海龟号"下水。

1805 年　英国海军使用康格里夫火箭从海上炮击港口。

1813 年　罗伯特·富尔顿设计了第一艘蒸汽军舰。

1835 年　塞缪尔·柯尔特（Samuel Colt）发明了柯尔特左轮手枪。

1836 年　约翰·埃里克森成功设计出了螺旋桨。

1848 年　约翰·德莱赛发明的后膛装填步枪投入使用。

1945年　美国分别向日本的广岛和长崎投掷了原子弹。

1952年　美国进行了世界上首颗氢弹的测试。

1953年　美国研发出了第一枚地空导弹。

1955年　第一艘核潜艇"鹦鹉螺号"正式出海。

1959年　克里斯托弗·科克雷尔（Christopher Cockerell）发明了气垫船。

2002年　激光可用于摧毁炮弹。

2007年　爱沙尼亚遭受了来自俄罗斯的网络攻击，导致该国互联网和电信服务大面积关停。

2008年　第一款等离子武器经过测试，可以向目标发射超热气体。

2014年　军舰首次部署激光武器。

2020年　在距目标数千千米外的基地的遥控下，美国MQ-9无人机（"死神"）刺杀了伊朗将军卡西姆·苏莱曼尼（Qasem Soleimani）。

1860年　英国制造了第一艘全铁制船体战舰"勇士号"。

19世纪60年代　耶鲁锁诞生。

1862年　汉普顿锚地海战见证了铁甲舰之间的首次交锋。

1875年　化学家阿尔弗雷德·诺贝尔制成了硝化甘油炸药。

1884年　海勒姆·马克沁研制出了第一台全自动机关枪。

1902年　德国人发明了TNT。

1918年　第一艘现代航母"百眼巨人号"开始服役。

1939年　首架喷气式飞机"He-178"试飞。美国工程师伊戈尔·西科尔斯基（Igor Sikorsky）设计的真正实用型直升机首飞。

1942年　恩利克·费米完成了第一个自我维持的核链式反应。

1943年　英国开发了"巨人"计算机，用于破解德国军事密码。

1944年　V-1导弹是世界上首枚巡航导弹。

Books

The Archaeology Of Weapons: Arms and Armor from Prehistory to the Age of Chivalry by Ewan Oake-shott. Gainesville: University Press Of Florida 2017.

Backyard Ballistics: Build Potato Cannons, Paper Match Rockets, Cincinnati Fire Kites, Tennis Ball Mortars and More Dynamite Devices by William Gurstelle. Chicago: Chicago Review Press, 2012.

Conway's Battleships: The Definitive Visual Reference To The World's All-Big-Gun Ships. Annapolis, MD: Naval Institute Press, 2008.

The Story Of Guns: How They Changed The World by Katherine Mclean Brevard. Minneapolis, MN: Compass Point Books, 2010.